이스라엘.팔레스타인으로 가는 길

이스라엘.팔레스타인으로 가는 길

이스라엘 팔레스타인

으로 가는 길

오가와 히데키 지음 · 이종석 옮김

르네상스

옮긴이 · 이종석

1969년 제주도 서귀포에서 태어남.
1994년 한남대학교 역사교육과를 졸업하고 일본에 건너가
일본의 역사와 문화를 연구했다. 예총 서귀포지부 사무국장을 역임했으며,
현재 번역과 더불어 국악 연주가로 활약 중이다.

小川水樹, イスラエル・パレスチナ 聖地紀行

책 머리에

성지 변천의 역사는 하나의 대하드라마라고 할 수 있다. 이 땅의 역사를 밀레니엄, 즉 1천 년 단위로 나누면 조목조목마다 명쾌하게 보인다. 4천 년 전 민족의 조상 아브라함이 가나안 땅에 정착하고, 3천 년 전에 다윗 왕이 예루살렘에 수도를 세웠고, 2천년 전에 예수 그리스도가 베들레헴에서 태어나 소위 말하는 서력이 시작되었다.

그러나 4천 년 전부터 1천 년간은 고난의 이집트 시대를 거쳐 모세에 이끌려 출애굽, 여호수아에 인도되어 가나안에 정착했다. 기원전 1천 년간은 사울에 의해 이스라엘 부족이 통일되기 시작했다. 다윗, 솔로몬에 의한 통일 왕국의 시대, 남북 왕조 분열의 시대, 바빌론 유수에서 귀환, 그리고 유다 왕조가 성립되었지만 그리스, 로마의 지배를 받았다. 기원후 1천 년간은 기독교가 지배한 로마, 비잔틴 시대를 거쳐, 이슬람 지배권에 편입되었다. 그리고 기원 1천 년대에 12세기 이후 기독교도의 십자군이 잠시 성지를 탈환했으나 오래가지 못하고 이슬람의 지배가 계속되었다. 마지막 20세기에 들어서 많은 유대인들이 대량으로 귀환했다.

반세기라는 짧은 시대만을 놓고 보터라도 시온주의의 일환으

로 유럽에서 박해당하던 유대인의 귀환이 시작되고, 독립 전쟁
(제1차 중동전쟁)에 의해 이스라엘 국가가 성립되었다. 아랍과
의 대립은 풀리지 않았으나, 세 번의 전쟁을 거치는 동안 화해가
시작되어 국내에서는 팔레스타인과, 국외에서는 시리아, 레바논
과의 평화협상이 진행되어 주목받게 되었다.

밀레니엄 발상지의 새천년기는 과연 어떤 시대가 될까. 세기단
위로 성지의 장래를 예견한다면 종교간의 화해와 공존이 진행되
리라 말해도 좋을 것이다. 세계 3대 일신교인 유대교, 기독교, 이
슬람교가 공통의 성지에서 공존하는 것은 결코 어려운 일이 아
니다. 민족간의 화해가 달성된다면 이스라엘과 팔레스타인은 지
금까지 특별한 나라, 분쟁 지역이라는 이미지에서 벗어나 성지
로서의 풍부한 관광자원을 살릴 수 있으며, 어느 누구든지 한번
쯤은 방문하고 싶은 '매력적인 보통국가' 가 될 수 있다.

나는 이스라엘에 1995년 초에서 1996년 말까지 2년간 체류한
후, 1997년 봄에 다시 방문했다. 밀레니엄 전야의 1999년 12월에
는 주변의 시리아, 레바논, 요르단 등지를 방문했다. 가장 최근
에 방문했을 때는 이스라엘, 팔레스타인을 불문하고 밀레니엄
축제 분위기로 들떠 있었다. 예수 탄생지 베들레헴이 팔레스타
인으로 돌아가고 나서 다섯 번째 맞는, 20세기 마지막 크리스마
스 이브 미사에서는 아라파트 의장과 각국의 수뇌 및 그리스정
교 등 정통파 종파도 처음으로 특별히 참가했다 예전 우파정권
의 등장으로 불발에 끝난 예루살렘 3천 년제의 쓰라린 기억을 교
훈 삼아 기독교와는 본래 서로 맞지 않은 이스라엘측도 예수와
인연이 깊은 예루살렘과 나사렛을 밀어주어 밀레니엄을 유명하

게 만드는데 공헌했다

　이스라엘과 팔레스타인의 보통국가화는 급속하게 진행되고 있다. 이스라엘 거리를 보아도 곳곳에 햄버거 가게가 생기고 빠르게 도로가 재정비되고 있는 것 외에 거리를 지나는 차들은 몇 년 사이에 고급화되고 교통사고율도 낮아졌다. 4반세기 동안 전쟁이 없었던 이 나라에서는 당연한 이야기지만 전쟁터에서 죽는 것보다 교통사고사가 사회문제로 대두되고 있다. 이웃나라 요르단에서 이스라엘로 육로를 통해 들어온 요르단 번호판 차량들도 도시 곳곳에서 볼 수 있고, 반대로 요르단의 유명한 페트라 유적에는 이스라엘의 관광객들이 대거 방문해서 깜짝 놀라게 했다. 장래 팔레스타인 국가의 수도라고 볼 수 있는 예루살렘 동부 교외의 아브 디즈라는 지역에서는 대규모 건설공사가 빠르게 이루어지고, 대회의장 건물은 장차 국회의사당이 될 것이라는 소문이 떠돌고 있다. 예전엔 구형 자동차밖에 볼 수 없었던 팔레스타인에도 최신식 택시가 몇 대가 들어와 있는 것을 보고 꽤 놀랐다. 나라 밖으로 눈을 돌리면, 20세기에 일어난 분쟁은 20세기 안에 정리가 되어야 하는데 때마침 그 시기에 워싱턴에서 4년만에 이스라엘과 시리아의 평화교섭이 재개되었고 현지에서는 모두 그 과정을 숨을 죽이고 바라보고 있었다.

　시대는 확실히 변했고 새로운 태동은 이미 시작되었다. 언제까지 낡은 정치구도와 종래의 관념에 사로 잡혀 있어선 안 된다. 성서 해석과 중동분쟁의 역사에 얽매이지 말고, 현재의 정치구도에 구애받지 않으면서 이 지역을 자기의 발로 걸어보고 생각하는 것이 중요할 것이다.

차 례

이 책을 읽으시는 분들에게

※ 이 책에 나오는 '이스라엘인과 팔레스타인인'에 대해 다음과 같이 정의할 수 있습니다. 원래 이스라엘이란 족장 야곱에게 붙여진 이름이었지만, 경우에 따라 히브리 부족연합체를 이스라엘이라 하기도 하고, 사울 왕 이후 통일왕국을 이스라엘이라고도 합니다. 솔로몬 왕 이후 남북으로 분열되어 북왕국이 그 명칭을 계승하기도 했습니다. 분열은 되었지만 민족과 역사의 총칭으로서 이스라엘이 사용되었고, 또한 20세기에 탄생한 신생국가를 이스라엘이라고 부릅니다. 따라서 현재의 관점에서 이스라엘 국민 전체를 가르키는 경우는 '이스라엘 국민'이라 부르고 거기에는 소수 아랍계 주민도 포함됩니다.

같은 예로 '유다'도 히브리의 일족으로서의 유다, 남부지방의 유다, 왕국분열 후의 남유다 왕국, 바빌론 유수 이후 히브리인을 지탱했던 유대교 등 다양하게 사용됩니다. 유다만을 가르키는 경우에는 '유대계'라고 부릅니다. 역사적인 관점에서 이야기할 경우는 '이스라엘인' '유다인'을 각각 북이스라엘 왕국, 남유다왕국의 맥락으로 구별해서 사용하고, 양자를 총칭하는 경우에는 '히브리인'이라는 호칭을 사용합니다. 물론 '유대인'이라고 쓴 곳도 있습니다.

'팔레스타인인'에 대해서는, 이스라엘이 세워지기 전에는 지역 전체에 살고 있던 사람을 의미했지만, 현재는 ① 이스라엘 영토에 잔류한 이스라엘 아랍인 (그들은 팔레스타인인이라고 불리워지는 것을 싫어합니다) ② 팔레스타인의 땅, 즉 서안, 가자 주민과 그곳에 사는 난민을 포함한 협의의 팔레스타인인 ③ 그 이외의 주변국가와 세계에 흩어진 팔레스타인인 등 세 종류의 부류로 나눌 수 있습니다. 이 책에서 대상이 되는 것은 당연히 ①과 ②에 속한 사람이며 흔히 팔레스타인인이라고 하는 경우에는 ②의 부류를 가리킵니다. 그리고 '아랍'에 대해서도 부언하자면 이 말은 아랍어를 사용하는 사람들을 가리키지만, 종교에 대해서 이야기하는 것은 아닙니다. 따라서 아랍인이라도 기독교를 믿는 사람이 있고, 또 이슬람교도이지만 터어키인이나 이란인은 각각 터어키어, 페르시아어를 사용하기 때문에 아랍인에 포함되지 않습니다

※ 이 책에 나오는 인·지명은 현재 흔히 사용하는 말을 따랐습니다. 『성서』에 나오는 인·지명과 다를 경우에는 괄호안에 『성서』의 인·지명을 밝혔습니다. 또한 모든 성구와 인·지명은 대한성서공회에서 발행한 공동번역 『성서』를 따랐습니다.

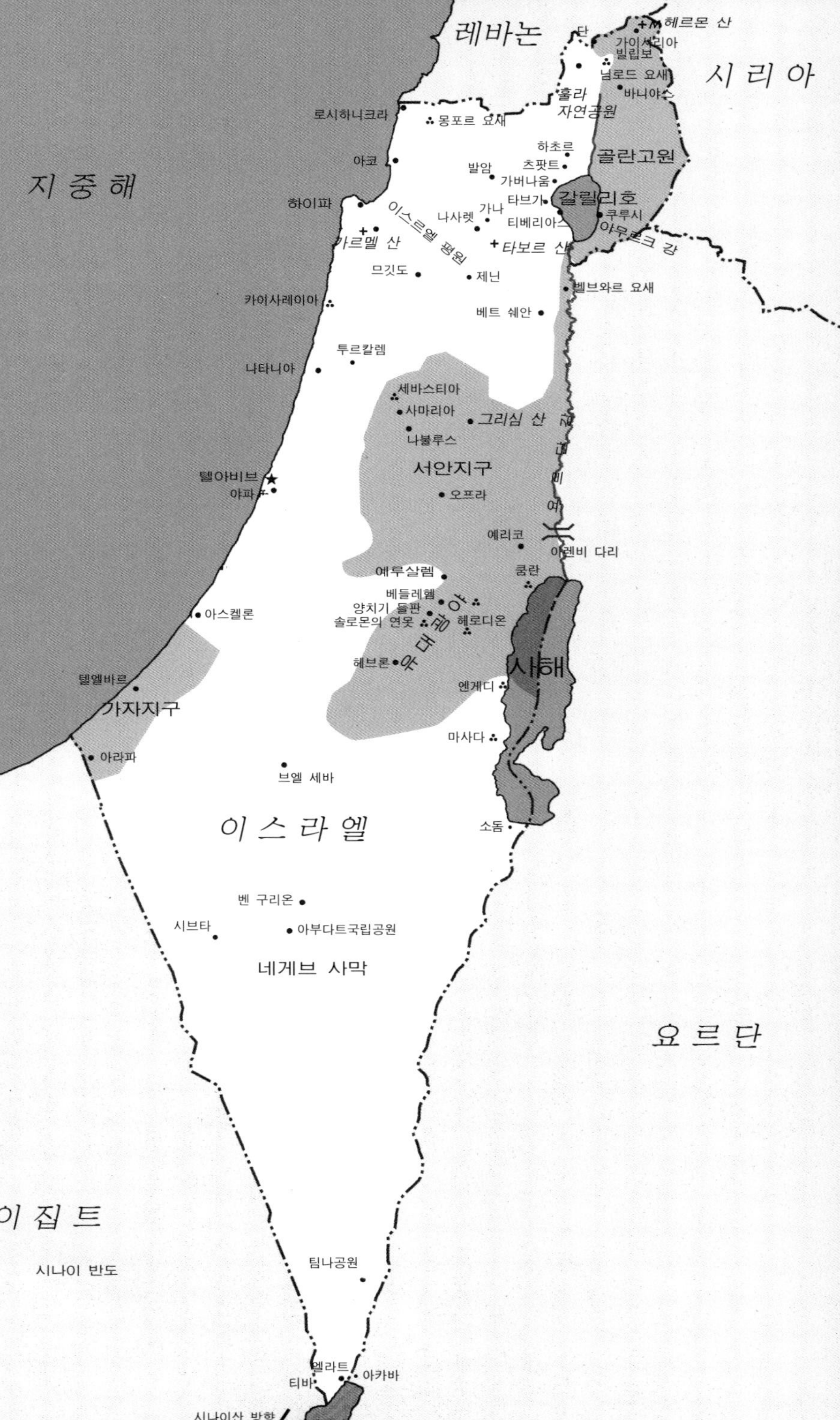

지 중 해
레바논
시 리 아
헤르몬 산
가이사리아
빌립보
님로드 요새
바니야스
훌라
자연공원
로시하니크라
몽포르 요새
골란고원
하초르
아코
발암
츠팟트
가버나움
하이파
나사렛
가나
타브가
갈릴리호
이스르엘 평원
티베리아스
쿠루시
가르멜 산
타보르 산
아무르크 강
므깃도
제닌
벨브와르 요새
카이사레이아
베트 쉐안
투르칼렘
나타니아
세바스티아
사마리아
그리심 산
나불루스
서안지구
텔아비브
오프라
야파
예리코
아렌비 다리
에루살렘
쿰란
베들레헴
양치기 들판
솔로몬의 연못
헤로디온
아스켈론
헤브론
사해
텔엘바르
엔게디
가자지구
마사다
아라파
브엘 세바
이 스 라 엘
소돔
벤 구리온
시브타
아부다트국립공원
네게브 사막
요 르 단
이 집 트
시나이 반도
팀나공원
엘라트
아카바
티바
시나이산 방향
아카바만

제1부
약속의 땅 가나안

1. 아브라함의 자손들

중동 속의 유럽

중동의 현대사는 격동의 현대사이다. 왜 격동하고 있는가? 아랍이라는 바다 한가운데 유대국인 이스라엘이 홀로 떠 있기 때문이다. 전쟁과 테러, 종교 국가라는 이미지를 가지고 있는 이스라엘이지만 이 나라의 진정한 모습은 의외로 알기 힘들다.

팔레스타인 문제의 당사국인 이 나라에서 1993년 라빈 수상과 아라파트 PLO(팔레스타인 해방기구) 의장이 평화를 위해 손을 잡는가 생각했는데 1995년 11월 라빈 수상이 평화에 반대하는 유대 청년에게 암살당했다. 그리고 1996년 5월 수상선거에서는 다수의 예상을 뒤엎고, 우파 리쿠드 당수 네탄야후 후보가 당선되었다. 더욱이 3년에 걸쳐 평화가 정체되었던 1999년 5월의 수상선거에서는 한 번의 투표로 바라크 노동당 당수가 현직의 네탄야후 수상을 제쳐, 평화진영으로 정권이 다시 돌아갔다. 밖에서 보기에는 무엇이 일어나고 있는 것인지 알기 어려운 나라이다.

1995년 초 유럽을 경유해서 처음 이스라엘에 도착했을 때, 지금까지 경험해본 적이 없는 중동 지역이라서 긴장을 했다. 그러나 이스라엘은 중동이라 해도 주로 유럽계 사람들이 만든 나라이므로 그렇게 걱정할 필요는 없을 것이라고 혼잣말을 되뇌이면서 평정심을 가지려고 했다. 지중해에서 육지로 접어들자 비행기 창 밖에는 녹음으로 가득한 땅이 펼쳐져 있고 지붕이 빨간 민가도 여기저기 볼 수 있었다. 고속도로처럼 잘 뚫린 거리에는 차들이 거침없이 달리고 있어 마치 유럽 같은 느낌이 들어 안심이 됐다.

공항에서 차로 텔아비브로 향하다 보면, 창 밖의 풍경이 사막같이 황량하지는 않다. 그렇다고 유럽처럼 초록색 융단을 깔아 놓은 것도 아니다. 도로 상태는 서유럽 국가들보다 떨어지지만 반대로 교통량은 많아서 전체적으로 남유럽 국가 같은 느낌이 든다.

텔아비브 거리에 들어서니 또 다른 풍경이 눈 앞에 펼쳐졌다. 기본적으로 유럽풍의 도시이지만 건물은 철근 콘크리트로 러시아 도시 같은 분위기를 자아내고 있다. 고층빌딩이 세워져 있고, 사람들로 북적거리는 번화가와 교외의 빌라 단지 등 여느 대도시와도 다르지 않다. 공항에서 차를 타고 내륙의 예루살렘

▶ **텔아비브-야파**
야파는 고대 가나안의 항구 도시였다.(아래) 1950년대 외곽의 텔아비브와 통합되어 지금은 이스라엘의 주요한 상업, 문화, 교통 중심지이다.

▲ 네게브 사막

쪽으로 가다보면 첫인상이 조금 바뀔지도 모르지만, 금세기 초에 세워진 도시 텔아비브는 이국적인 정서를 지니고 있어 외국인에게도 그렇게 위화감을 주지 않는 도시이다. 하지만 무엇보다 신선했던 것은 시내중심에서 차로 5분만 달리면 겨울에도 새파란 지중해를 보는 일이 가능하다는 점이다. 텔아비브는 휴양하기에 아주 좋은 도시다.

이스라엘이라는 야외극장

잠시 체류하는 동안 여러 곳을 여행하고 사람들과 접하다보면 이스라엘이라는 나라 자체가 여러 가지 연극을 즐길 수 있는 야외극장이라는 인상을 갖게 된다. 먼저 이스라엘만큼 국토의 변화가 심한 나라도 드물다. 작은 땅덩어리임에도 불구하고 남부

네게브의 건조한 사막지대에서 갈릴리(성서:갈릴래아)의 고원 지대까지, 골란 고원 최고봉인 헤르몬 산(2814미터)에서 갈릴리 호(수심211미터)를 지나 세계에서 가장 낮은 곳에 위치한 사해(수심392미터)까지, 면적에 비해 다양한 지리적 조건을 갖고 있는 나라이다. 이러한 지역차는 가까운 곳에서조차, 예를 들어 지중해 연안의 텔아비브에서 내륙의 산 위에 있는 예루살렘까지 차로 1시간 동안 이동하는 사이에도 실감할 수 있다. 여름에는 덥고 습도가 높은 텔아비브에서 예루살렘으로 이동하다 보면 선선하다 못해 서늘함까지 느낄 수 있을 정도이며 밤에는 점퍼가 필요하다. 그리고 다시 텔아비브까지 단숨에 내려가면 비행기 착륙과 같이 기압차로 귀가 멍해진다. 그 좁은 국토에 세계에서 가장 오래 된 도시라고 불리는 예리코(성서:여리고)에서 솔로몬 왕 시대의 유적, 그리스 로마 시대의 유적, 또 이슬람 시대를 지나서 십자군 시대의 유적까지 나라안이 유적으로 가득하다. 의외라고 생각하는 사람이 있을지 모르지만 중동은 세계에서도 유수한 유적의 보고이다.

또 한가지, 현재 점령지에서 자치지역으로 변모하고 있는 팔레스타인(서안과 가자지구), 그리고 시리아에게 빼앗은 골란이란 존재. 그 지역들은 예외없이 중동분쟁의 격전지이다. 서안이나 가자, 골란 고원 지구의 팔레스타인인과 시리아인은 아랍 땅에 있는 이스라엘과는 전혀 다른 문화권을 구성하고 있다. 텔아비브 근교의 해안 지역에서 동쪽 내륙을 향해 차를 달리면, 한 시간 안에 서안에 도달하고, 그곳에서부터는 문자 그대로 아랍인 마을이 시작된다.

그리고 이름은 한번쯤 들어봤어도 실제로 그 실체에 대해선 잘 모르는 키브츠가 있다. 키브츠는 생활수단을 가지지 않고 이스라엘에 귀환한 이주자에게 생활과 취로의 장을 열었고 각지로 이주시켜 개발도 촉진한 이민국가다운 일석이조의 시스템이다. 키브츠는 '개개인은 능력에 따라서 일하고 필요한 만큼 받는다'는 유토피아적인 원리로 운영한다. 동구 출신자에 의해 1910년 처음으로 키브츠 데가니아가 갈릴리 호 남단에 건설되었다. 일반적으로 구성원이 농원 등에서 농업에 무상종사하고 그 대신 생활의 편의(교육, 의료를 포함)를 원조받는 형식이다. 거기에서는 농기구 등 생산수단을 개인이 소유하지 않는다. 식사는 공동

다윗 왕 시대(아래)와 중세(가운데) 현대(위) 건축물이 공존하는 이스라엘의 예루살렘

식당에서 이루어지고 아이들은 집단으로 키워진다. 기본적으로 키브츠 안에서는 돈이 필요 없다. 이러한 집단원리도 요즘은 개인적 요구의 증대로 변질되어 가고 있다. 하지만 지금도 키브츠 생활을 체험하기 위해서 전세계에서 젊은이들이 모여드는 것에는 변함이 없다. 이와 유사한 제도로 모샤브가 있는데 이것은 모샤브 국유지를 가족단위로 개인이 빌려 농장을 경영한다. 판매와 자재공급은 모샤브가 하고 그 이익금을 각 가정으로 분배하는 구조이다.

이스라엘 사회에서의 키브츠와 모샤브의 중요성은 시대나 산업구조가 변한 지금 크게 감소했다. 키브츠와 모샤브 자체도 공장경영이나 관광업 등 생존을 위해 다방면으로 발전을 모색하고 있다. 현재 전국에 약 270여 곳의 키브츠에서 인구의 약 2.9%가, 약 450여 개소의 모샤브에는 3.9%의 사람들이 살고 있다.

▼ 베트 쉐안의 키브츠

▲ 1948년 5월 14일 이스라엘의 독립을 선포하는 초대수상 벤 구리온

모자이크 국가 이스라엘

이스라엘은 20세기 중엽에 건국한 이민국가이므로 이주자들의 출신국에 따른 다양한 요소가 복잡하게 섞여 있다. 여러 종족이 모여 살고 있는 미국을 생각하면 된다. 예를 들어 스포츠를 보면, 유럽에서 시작한 축구가 매우 인기있는 스포츠이지만, 다른 한편으로는 미국적인 농구도 꽤 인기가 있다. 자동차 또한 유럽차가 주류를 이루지만, 미국의 영향 탓인지 수동기어가 대부분인 유럽과 달리 자동기어가 장착된 차가 차지하는 비율이 꽤 높다.

종교적인 면으로는 이 좁은 나라에서 유대교와 기독교가 발생하였고, 이슬람교의 중요한 성지이기도 하다. 게다가 유대교에서 분리된 사마리아인의 집단 거주지가 서안의 나불루스(성서: 세겜)에 있는데, 유대인에게 이들은 완전히 이교도이다. 이란에서 발생한 바하이교(19세기 이슬람 시아파에 기원을 두고 이란인 바하알라(1817~92)에 의해 생겨난 종교. 이슬람 국가에서는 이단시 되나 서구에는 신도가 적지 않다)의 총본산이 항구도시인 하이파에 있기도 하다.

소위 이스라엘 요리라고 하는 것은 기본적으로 존재하지 않는다. 이주자들이 가지고 온 러시아 요리와 루마니아 요리, 헝가리 요리와 프랑스 요리 등이 개별적으로 존재할 뿐이다. 억지로 이스라엘 요리를 든다면 피타라는 빵 속에 튀긴 콩 앙금을 싸서 먹는 파라페르, 빙빙 돌리면서 구운 원통형의 고깃덩어리에서 잘라낸 고깃조각을 빵에 싸서 먹는 슈와르마 등을 들 수 있지만, 이것은 오히려 중동지역 요리로 그 지역 일대에서 볼 수 있는 것이다. 요리의 미(美)를 추구하려고 한다면 그 기원은 외국에 있고, 이스라엘 향토요리를 고집한다면 그것은 지중해 일대에 퍼져 있는 무국적 요리가 되어 버린다. 2천 년간의 방랑 생활(디아스포라)을 계속했기 때문에 어쩔 수 없는 것일지 모른다.

요리에 관해서 잊어서 안 되는 것이 바로 유대인의 식생활을 다루는 코세르라고 하는 계율이다. 간단하게 말하자면 육류와 유제품을 함께 먹는 것이 금지되었고, 육류 가운데 발톱이 분리되지 않고 되새김질을 하지 않는 돼지고기나 토끼는 금한다. 어패류에 있어서도 피나 지느러미, 비늘이 없는 새우, 게, 문어, 패류, 뱀장어 등은 금하고 있다. 조리법도 세세하게 정해져 있으며

▲ 하이파에 있는 바하이 신전

적당한 식료품은 코세르에 그 내용이 표시되어 있다

식생활을 보면 이스라엘에서는 축제일이 유대교도가 아닌 사람들의 식생활에도 영향을 미치는 경우가 있다. 예를 들어, 초봄의 페사하(유월절)는 3300년 전 출애굽을 기념하는 축제다. 어린양의 피를 현관 기둥과 문틀에 발라두어 재앙이 이스라엘인의 집에 미치지 않고 지나갔으며, 나중에 무사히 이집트를 탈출할 수 있었다는 『성서』내용(출애굽기 12장)을 근거로 한다. 이 축제 때는 7일간 곡류와 감자류의 발효식품을 먹는 것을 금지하고 있다. 빵 대신 맛차(만나)라고 하는 발효되지 않은 크래커만 먹을 수 있다. 이 기간 동안 슈퍼마켓 진열장에서 빵, 밀가루, 파스타, 게다가 맥주가 놓이지 않기 때문에 애주가들의 고생이 심하다.

이스라엘의 언어

이주자들이 사용하는 다양한 언어를 접할 때 모자이크 사회라는 것을 실감한다. 공식적으로 이스라엘의 공용어는 히브리어와 그리고 의외라고 생각할지 모르지만 아랍어이다. 아랍어가 이웃 나라의 언어이기 때문에는 물론 아니다. 점령지인 서안과 가자 지구의 언어이기 때문도

▲ 홍해를 건너는 모세와 이스라엘 백성들

▲ 1948년 6월 22일 독립선포후 첫 이민자들이 텔아비브에 도착하고 있다.

아니다. 이스라엘 내부에는 난민으로 남아 있는 아랍계 주민이 총인구의 20%나 되기 때문이다.

구약 성서에서 사용하는 언어인 히브리어는 사어(死語)였는데 19세기 말에 벤 예후다(1858~1922)라는 학자가 소생시켰다. 이스라엘 건국 전후에 이민 온 사람들은 그때까지 쓰고 있었던 모국어를 과감히 버리고 애국심에서 히브리어를 배우고 사용했다고 한다. 그 과정에서 독일어와 히브리어의 중간 언어로서 유럽계 유대인이 사용하던 이디시어마저도 거의 사라지게 되었다. 이디시어는 나치의 유대인 대학살로 인해 유럽에서도 거의 쓰이지 않게 되었고, 신생 이스라엘에서는 히브리어에게 민족어의 자리를 물려주게 되었다. 이스라엘에서 이디시어를 일상적으로 사용하고 있는 것은 승려복을 입고 19세기의 동유럽 생활양식을 완고하게 지키고 있는 종교적인 사람들뿐이다. 세계에서 마지막으

▲ 벤 예후다

로 남아 있던 이디시어로 간행되던 일간지가 폐간되었다는 뉴스를 1995년 프랑스에서 접한 적이 있다. 어찌 되었건 한 민족의 언어가 이만큼 드라마틱한 과정을 겪은 것을 일찍이 보지 못했다.

물론 모국어로서 히브리어를 사용하는 사람들도 많이 있다. 이민국가라고는 하지만 이미 건국후 반세기가 지났고, 이스라엘 태생이 전체 인구의 과반수를 차지하기에 이르렀다. 그러나 이런 이스라엘 태생의 사람들(사브라라고 불리는) 전체가 자동적으로 히브리어를 모국어로 사용하지는 않는다. 왜냐하면 부모가 가정에서 다른 언어를 사용하는 경우가 있기 때문이다. 그렇다고는 하지만 이 사람들도 히브리 사회에서 자라고 교육을 받고 있으므로 그들은 바이링갈(2개 국어 사용자)이 된다.

한편 이민 제1세대는 모국어를 가지고 있으면서 히브리어 사회에서 살고 있었다. 그런 의미에서 그들도 바이링갈이다. 히브리어를 배우는 속도는 천차만별인데, 젊어서 히브리어 사회에 동화된 생활을 하다보면 그만큼 히브리어를 배우는 속도는 빨라진다. 이스라엘에서는 이주자들이 히브리어를 충분히 배울 수 있도록 우르판이라는 공립 어학학교가 많이 만들어져 있다.

▲ 히브리어, 아랍어, 라틴어로 쓴 비아 돌로로사(예수 고난의 길) 표지판

　이상과 같은 복잡한 언어사정과 더불어 이 지역은 영국의 위임 통치령으로 20세기의 일부분을 보냈다. 그래서 영어도 마치 공용어처럼 보급되었으리라 예상하고서 이스라엘에 왔다. 그런 내가 제일 처음 느꼈던 것은, 영국의 위임통치하에 있었지만 영어가 그다지 보급되어 있지 않다는 점이다. 다시 말하면 어디에서나 영어가 통하고, 영어로 업무를 볼 수 있는 것은 확실하지만, 그렇다고 모두가 영어를 잘 한다는 것은 아니다. 이 지역은 어디까지나 위임통치령이었지만 영국의 식민지는 아니었기 때문이다.

　오히려 놀란 것은 생각지도 못했던 프랑스어의 존재다. 건국 이후 프랑스에서 이민이 많았기 때문인지 거리에서 프랑스어로 이야기를 나누고 있는 사람을 쉽게 만난다. 게다가 예루살렘이나 텔아비브의 남단에 있는 야파에는 카톨릭계 아랍인을 위한 프랑스계 학교와 병원도 있다. TV에서 방영하는 영화에 프랑스어 자막이 깔리는 경우도 많다. 이스라엘에 도착하자마자 이렇게 프랑스어와 만날 줄은 솔직히 꿈에도 몰랐다. 레바논에서도 그렇지만, 특히 기독교도에게 프랑스의 영향력은 매우 강하다. 제3부 3장에서 상세하게 설명하겠지만 동지중해에 프랑스가 영향력을 행사하기 시작한 것은 아마 십자군전쟁 이후라고 말할 수 있다.

그 반대로 독일어를 여기 저기서 듣게 될 것이라고 생각했지만, 그다지 들을 수 없었다. 역사적 운명 때문인지 말을 할 수 있는 사람이 있어도 그것을 말하기가 두려운 것일까. 그러나 사람들 사이에 반독일 감정은 그다지 느낄 수 없었다. 도로를 달리는 차량도 독일제가 가장 많다.

그리고 이스라엘 국내를 여행하거나 텔아비브 시내에서 생활을 시작하면서부터 조금씩 느끼기 시작한 것은 러시아계의 이민이 많다는 것이다. 러시아계는 원래 폴란드계와 같이 건국 전부터 이민자가 많았지만 그렇게 오래 된 이민역사를 갖지 않았다. 80년대 말 러시아 자유화 정책이후 이스라엘에 이주한 러시아계 이스라엘인들이 많다. 사해 주변의 리조트 호텔에 가면 종업원 대다수가 이러한 러시아계 이스라엘인들이었다. 내가 입주한 아파트 근처의 슈퍼마켓 종업원들도 대부분 러시아계 이스라엘인이었다. 기억력이 현저하게 감퇴된 머리로 히브리어와 아랍어에 도전하는 것보다 대학시절 제2외국어로 배운 러시아어를 다시 한번 공부해볼까 하는 생각이 들 정도로 러시아계 이스라엘인이 많았다.

1989년이래 러시아계 이민자의 총수는 60~70만에 달하며, 이미 이스라엘 인구 약 420만의 15% 이상에 달하고 있다. 이스라엘에 귀환 가능한 유대인은 러시아에 백만 명 이상 있다고 하며, 만약 이들의 대부분이 이주를 결심한다면 이스라엘 유대인의 반수는 러시아계가 되어버린다.

흥미로운 점은 러시아계가 어떻게 이스라엘 사회에 동화, 흡수되어 가는 것인가 하는 점이다. 한 지역에서 단기간에 백만 명에 가까운 대량 이민은 지금까지 세계에서 일어났던 이민의 역사에서 볼 수 없었던 일이기 때문이다. 지금도 러시아어 신문이 몇 가지 발행되고 있지만 러시아어는 더욱 더 세력이 커지고 있어 영어와 그 지위가 바뀔지도 모를 일이다. 아니면 이주자라고 해도 다음 세대는 히브리어를 배우기 때문에 큰 영향이 없을지도 모른다. 그리고 러시아의 유대인은 현재 러시아 사회에 잘 동화되어서 종교적인 사람이 극히 적다고 한다. 유대교의 국가라는 이미지가 요즘 점점 희박해져가고 있는 이스라엘이지만, 러시아계의 이주는 이스라엘의 세속화를 결정짓는 요소로 작용하게 될 것이다.

맥 빠지는 중동분쟁의 최전선

이스라엘이 모자이크와 같이 다양성으로 구성되어져 있다는 것은 널리 알려진 사실이다. 게다가 주변지역과의 종교적, 민족적 대립의 발단이 된 중동분쟁이 있다. 이스라엘에 오기 전에 중동분쟁의 당사국이라는 이유로 꽤 긴장감을 가지고 있었다. 그러나 도착 후에는 급속하게 그 긴장감이 사라졌는데, 테러가 없었기 때문이 아니다. 테러라면 이스라엘에 도착해서 10일 후에 텔아비브 북쪽의 나타니아에서 대규모의 폭탄 테러가 발생했다. 텔아비브 거리에는 기관총을 등에 맨 병사들의 모습이 안 보이는 곳이 없었다. 또 쓰레기통과 방치된 가방 등이 위험물로 간주되어지는 것을 실감할 수 있었다. 단지 현재의 사정을 알면 알수록 이스라엘인과 팔레스타인인, 또한 주변 아랍국가의 대립 구도의 속사정을 알게 되어 어떤 의미로는 궁금증이 해소되었기 때문이다.

이스라엘내의 난민으로서 이스라엘 국적을 갖게 된 아랍계 주민이 인구의 2할 가까이 있다는 것은 이미 이야기했다. 유대계와 아랍계는 평상시에는 서로 으르렁대는 것이 아니라 사이좋게 공존하고 있다. 그들은 아랍어로 교육을 받고 생활할 권리를 인정받고 있다. 아랍계가 고급 직종에 종사하는데 제약이 따르는 등 문제는 있지만 아랍계의 정당이 있고 국회의원도 배출하고 있다.

주변국으로 눈을 돌리면, 시리아와의 관계는 냉랭하지만 역사적으로 족장 야곱과 어머니 리브가를 통해 시리아쪽 아람인의 피가 섞여 있다. 쌍둥이 형 에사오가 맞이한 힛타이트인 아내로 인해 속을 태우는 어머니를 위해 동생 야곱은 외삼촌 라반의 딸 라헬을 아내로 맞아들인다.(창세기 29장) 그래서 히브리 민족과 아람인과는 끊을 수 없는 관계이다.

요르단에 대해서 후세인(1935~1999) 국왕의 인품에서 기인하는 부분이 크겠지만, 이스라엘 국민은 요르단에 대해 매우 친근감을 가지고 있다. 1994년 평화조약 이후 양국간의 교류는 진전되고 지금은 이스라엘 국민이 요르단으로 관광을 떠나고 있다.

▲ **야곱과 라헬의 만남** 야코포 팔마 1세

야곱은 외삼촌 라반의 딸 라헬과 외삼촌 라반의 양떼를 보자 선뜻 나서서 우물에서 돌뚜껑을 굴려 내고 외삼촌 라반의 양들에게 물을 먹였다. 그는 라헬에게 입맞추고 소리내어 울었다. 그리고 라헬의 아버지가 자기의 외삼촌이며 자기 어머니가 리부가라고 말하자 라헬은 아버지에게 달려가서 이 말을 전하였다. (창세기 29:10~12)

레바논과의 관계도 역사적으로 보면 솔로몬 시대를 중심으로 이스라엘은 항상 페니키아와 친밀한 관계를 맺고 있었다. 역사적이라고 하는 것은, 레콩키스타(8세기 초 이베리아 반도를 점령한 이슬람교도들로부터 영토를 회복하기 위해 스페인과 포르투칼의 기독교 국가에서 벌인 전투. 레콩키스타 정신은 15세기까지 이어졌다)까지는 이슬람 통치하에 있는 이베리아 반도에서 유대계와 평온하게 공존하고 있었다. 오히려 적대관계에 있었던 것은 기독교도들이었다.

현실에서도 이스라엘 국민의 반수는 서안과 가자를 포기해서라도 팔레스타인과의 평화로운 공존을 바라고 있고, 팔레스타인과 대립 속에 서안 점령지를 지키려고 하는 사람은 얼마 되지 않는다. 팔레스타인측은 이미 8할의 사람들이 서안과 가자만이라도 자신들의 국가로 인정해준다면 이스라엘과 공존하는 데 아무

▲ 1993년 9월 13일 워싱턴에서 이스라엘-팔레스타인간 오슬로 평화계획 협정에 서명하고
 악수를 나누는 라빈 수상과 아라파트 의장.

런 이의가 없다고 생각하고 있다. 즉 이스라엘이 점령하고 있지만 언젠가는 되돌려주어야 하는 국토의 22%를 반환할 수 있는 각오만 확고하면 난민문제를 제외하고 팔레스타인 문제는 해결될 것이다. 중동분쟁 전체에 대해서도 이유는 거의 비슷하다.

분쟁의 구도와 해결 방법 자체는 의외로 간단하지만 그렇게 쉽게 되지 않는 이유는 이스라엘측이 문제 해결에 신경쓸 수 없을 만큼 내부분열이 심각하기 때문이다. 영토를 포기해서라도 평화를 주장하는 평화추진파가 약 반수 있고, 평화신중파와 반대파가 그 나머지 반수를 차지하고 있어 국론이 이분되어 있는 실정이다.

이스라엘과 4분법

미국에서 유대인을 만나게 되면 풍채와 용모를 통해 확실히 유대인임을 알 수 있고, 유대계 스타일이라는 것도 어느 정도 완성되어 있다. 그러나 유대인의 나라 이스라엘에서 거리를 걷고 있는 사람들을 관찰해 보니 도대체 유대인이 어떤 인종인지 알 수 없게 되어버렸다. 예루살렘에 가면 자주 보이는 전신을 새까만 옷으로 감싸고, 얼굴에 긴 수염을 하고 다니는 사람이 유대교인이라는 것을 쉽게 알 수 있다. 그러나 국방군의 본부가 있는 텔아비브에 가서 기관총을 맨 젊은 병사들의 얼굴을 보고 있으면 아랍인이라고 해도 속을 것 같은 사람이 많다. 여성들도 장신에 금발을 하고 있어서 북유럽인으로 잘못 오해받는 경우도 있다. 살색만으로는 어떤 인종인지 구분하기 어려운 사람도 있고, 더욱이 이디오피아에서 이주한 살색이 까만 사람까지 다양하다. 헤브론과 가자에는 뉴욕에서 이주해 와 팔레스타인 주민들 가운데 끼여 보란 듯이 영어로 이야기하면서 사는 호전적인 유대인도 있다. 반면에 텔아비브에서는 안식일인 금요일 밤에도 번화가와 해변은 젊은 사람들로 붐비고, 종교적으로는 인정할 수 없는 해물요리와 일식 요리점이 번창하고 있는 상황이어서 무엇이 진정한 유대인인지 알 수 없게 되었다.

일반적으로 이스라엘인을 구별할 수 있는 네 가지 기준이 있다. 네 가지 기준이란 이스라엘 사회가 내포하고 있는 4개의 기본적인 대립요소로 그것은 '종교적/세속적' '유대/아랍' '이주자/사브라' '아슈케나지/스파라디'를 말한다. 첫째 '종교적/세속적'이란, 이스라엘은 그 이미지에 반해서 많은 국민은 그다지

종교적이지 못하다. 이에 대해서는 뒤에 좀더 생각해 보기로 하자. '유대/아랍'의 구분도 언뜻 보기에 단순해 보이지만, 이야기하기가 까다로운 것은 유대계지만 아랍계와 비슷하게 생긴 사람은 얼마든지 있고, 또 아랍계라 할지라도 금발의 유럽적인 분위기를 가진 사람이 얼마든지 있다. 가자 난민 캠프와 북부 고원에 사는 이슬람의 일파 드루즈족의 마을에서도 금발인 사람을 볼 수 있을 정도이다. 유대인과 아랍인은 용모만으로는 판별할 수 없는 경우가 많다. '이주자/사브라'의 사브라라는 말은 이스라엘 태생의 사람들을 가리킨다. 벌써 사브라가 인구의 60%를 넘고 있고 앞으로도 계속해서 증가할 것이다.

무엇보다도 가장 중요한 구별인 '아슈케나지/스파라디'는 동

유럽, 러시아계의 유대인과, 1492년 레콩키스타의 여파로 이베리아 반도에서 쫓겨나 북아프리카와 오스만 투르크의 지배지역 또는 다른 유럽 국가로 이주해 살았던 유대인과의 구별이다. 이스라엘 건국 때 중심적 역할을 했던 것이 아슈케나지였기 때문에 지금도 사회에서 주도권을 행사하고 있다. 덧붙여서 평화를 추진해 노벨 평화상을 탄 라빈(1922~1995) 수상과 펠레스 전수상도 아슈케나지였다. 앞에서 유대인과 아랍인의 구별은 결코 쉬운 일이 아니라고 말했지만 중동 출신의 유대인과 아랍인은 용모가 많이 닮았으며, 애초 중동 출신의 유대인이야말로 원조 유대인에 가장 가까운 사람들일 것이다. 일반적으로 평화촉진파는 주로 유럽에서 온 이주자, 고학력자, 부유층들이다. 반대로 평화 신중파와 반대파에는 종교인을 시작으로 중동 출신이나 저·중소득자가 많다. 유대인에 의해 저질러진 충격적인 테러였지만 유럽과 연계가 있는 라빈 전수상을 암살한 사람이 언뜻 보아 아랍

인처럼 볼 수 있으나 아랍풍 용모의 신앙심 깊은 유대청년이었
던 사실은 결코 우연이 아니다.

최대의 속박, 종교

현기증이 날 정도로 변화를 추구하는 이스라엘이지만 그 깊숙
한 곳에는 항상 종교라고 하는 족쇄가 있다는 것을 잊어서는 안
된다. 인도와 이디오피아 더욱이 일본 출신의 유대인도 있음을
알 수 있듯이 유대인이란 혈통으로 정의되지 않고 의미상의 유
대교도를 가리킨다. 따라서 엄격히 말해 유대인이라 할 경우 유
대교 이외의 종교는 있을 수 없다. 반대로 팔레스타인인이란, 이

▲ **아브라함의 자손들** 아브라함이 유대교, 기독교, 이슬람교 신도 모두를 끌어안고 있다.

▲ 정통파 유대교도

것은 종교적 개념이 아니기 때문에 이슬람교도나, 기독교도도 있을 수 있고, 실제 유대교도도 개념상으로는 포함될 수 있다. 아랍인도 같은 경우이다.

유대교는 알다시피 소위 기독교에서 말하는 구약성서를 『성서』라고 한다. 〈토라〉와 〈예언서〉, 〈제서〉의 3부로 구성되어 있고, 그 중심을 이루는 〈토라〉는 〈창세기〉, 〈출애굽기〉, 〈레위기〉, 〈민수기〉, 〈신명기〉 등 소위 모세 5경을 가리킨다. 기독교는 신약성서와 함께 구약성서도 예수의 출현을 예언하고 있는 성전으로 삼고 있지만 유대교도는 구약성서에만 의거한다. 게다가 로마에 패배한 후 주로 갈릴리 지방에서 구전으로 전해진 〈토라〉를 해석하고 적용한 것을 6권으로 정리한 〈미슈나〉와 〈미슈나〉의 주석을 정리한 〈게마라〉가 있다. 더욱이 〈미슈나〉와 〈게마라〉를 정리한 것이 『탈무드』로서 이것이 유대교의 사상, 규범의 원천이 되었다.

기독교는 유대교에서 발생해 세계종교로 발전한 것이지만 앞에서 서술한 바와 같이 성전을 일부 공유하는 한편 예수를 구세주 메시아로 인정하느냐, 마느냐의 문제로 완전히 나누어지게 되었다. 한편 이슬람교도 같은 셈 민족의 일신교인 유대교, 즉 초기 기독교를 기본으로 삼아 나중에(기원후 7세기 전반) 고안해낸 것으로 유대교와 같이 엄격한 일신교 체계를 계승 엄수하고 있다. 구약에 나오는 아브라함은 유대교와 이슬람교 공통의 예언자로서 이슬람에서는 이브라힘으로 불리며 메카의 카바 성전의 건립자이다. 모세와 예수도 무사, 이사라는 이름으로 바꿔 각각 율법과 복음서를 전한 예언자로 불린다. 예수의 사상은 '알라신 앞에서의 평등'이라는 식으로 바뀌어 전해지고 있다. 셈 민족 세 부족의 일신교 종교는 계전(啓典)종교로서 서로 깊은 관계를 가지고 있다.

유대교 안에서 계율을 얼마만큼 지키는가에 따라 정통파, 보수파, 개혁파 등으로 나누어지고 각 종파의 사정에 따라 계율의 강도가 달라진다. 종교가 일상생활에서 큰 영향력을 가지는 것은 앞에서 서술했던 코세르와 안식일(샤밧트)이다. 금요일 일몰 후부터 토요일 일몰 전까지가 안식일로 되어 있고 일체 노동은 금지된다. 가장 중요한 것은 아침에 예배당에서 해당 주일의 〈토라〉 구절을 낭독하는 것이다. 샤밧트에는 사무실이 전부 쉬며, 공공교통기관도 영업을 하지 않는다.

유대교는 이상과 같으나, 실제로 유대인은 어느 정도 경건할까. 유대교도라고는 해도 생활 습관에 구애받지 않는 세속적인 사람이 50%, 그 이상으로 종교적인 사람이 30%, 초정통파 유대교도

15%를 포함한 매우 종교적인 사람이 20% 정도 이다. 거리를 걷
는 사람을 보고 한눈에 종교적 경건함을 판단하는 경우는 남성이
정수리에 킷파라고 하는 둥근 헝겊의 착용여부를 보면 된다. 쓰고
있으면 신앙심이 깊은 사람으로 판단해도 좋으며, 샤밧트일 때에
는 그 사람 집을 방문해서는 안 되고 전화도 하지 않는 것이 좋다.

2. 하늘의 역사, 땅의 역사

예루살렘은 절대적인 존재인가

이스라엘에 살기 시작해서 반 년 정도 지난 늦여름 일본에서 친구가 일주일 정도 이스라엘을 방문한 것을 기회로 3박4일 동안 이스라엘 남부를 여행하기로 했다. 먼저 예루살렘과 베들레헴을 대충 둘러본 후 사해 방면인 예리코로 가서 마사다를 보고 사해에서 여정을 푼다. 이틀째 사해에서 해수욕을 한 후 네게브 사막을 지나 비치 리조트가 있는 엘라트에서 숙박, 사흘째는 시나이 반도에서 푹 쉬고 시나이 산을 향한다. 그리고 마지막 날은 달 표면의 분화구와 같은 미츠페라몬 등, 네게브를 관광하면서 텔아비브로 돌아오는 것이 대략적인 예정이다.

아침 일찍 이스라엘 항공기로 벤 구리온 공항에 도착한 친구를 만나자, 서둘러 예루살렘으로 갔다. 벤 구리온 공항은 연안의 텔

아비브와 내륙의 산중에 있는 예루살렘 중간에 있다. 예루살렘으로 향해 달리기 시작하면 조금 후 도로가 오르막길이 된다. 잠시 후 언덕 위에 빨간 지붕의 유대인 마을과 도로가의 예루살렘 스톤이라는 하얀 돌 표면이 보이기 시작하면 얼마 안가 예루살렘에 도착한다.

예루살렘의 시가지(신시가)로 들어가기 바로 앞에서 좌회전해서 시가지의 북쪽을 돌면 동부에 있는 예루살렘 구시가지를 바

44 제1부 약속의 땅 가나안

라볼 수 있는 올리브 산으로 향하게 된다. 이스라엘에 막 도착한 사람에게 예루살렘 원경을 보여주는 것은 대단한 일이다. 그 존 재가 너무 복잡한 예루살렘이기에 '나무는 보되 숲을 보지 못한 다' 는 속담과 같이 되기가 십상이기 때문이다. 계곡 건너편 쪽에 성벽이 둘러져 있는데 제일 앞부분이 예전에는 신전의 언덕이었 다. 지금은 황금으로 빛나는 돔을 가진 반석 위의 돔이 중심에 있고, 왼쪽에는 엘 아쿠사 사원이 있다. 구시가지 뒤쪽으로 신시

가지가 보이고 고층 빌딩도 몇 개 보인다. 데이빗 로버트라는 화가가 19세기의 성지 모습을 석판화에 많이 남겨 두었는데 그 당시 예루살렘과 비교해 보면 현재의 예루살렘은 주변에 잡다한 것이 꽤 많이 늘어났다. 성벽에 둘러싸인 예루살렘 구시가지의 풍경은 확실히 멋있지만 두세 개의 고층빌딩을 포함한 뒤쪽의 현대적인 도시의 원경은 높이 평가해 줄 수 없다.

　다음은 올리브 산의 내리막길을 내려가 계곡 밑에 있는 겟세마네 교회(만국교회)로 갔다. 다행히 8시 전이었는데도 문이 열려 있었다. 예수가 로마 병정에 붙잡히기 전 마지막 밤에 열심히 기도했음에도 불구하고 제자들은 잠들어 버렸던 곳이라고 설명하

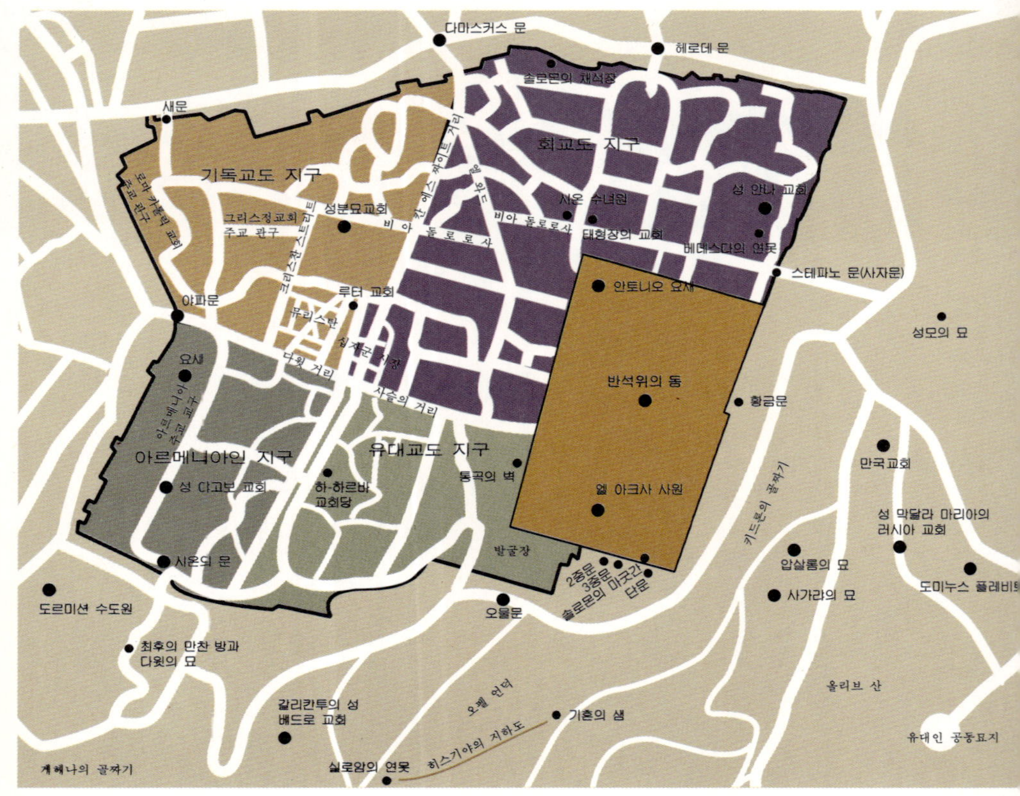

자, 유년기를 해외에서 보낸 적이 있는 친구는 『성서』에 친근함이 있는 듯 금방 이해했다. "밤은 깊어가는데 겟세마네 언덕에서 괴로워하는 예수 홀로 기도 드리네" 이렇게 찬미가로 불려지고 있는 겟세마네 언덕의 기도는 많은 화가들에 의해 그림으로도 그려졌다. 교회는 당연히 예수 이후에 생긴 것이고 정원 가운데의 올리브 나무는 당시 그대로라고 할 수 없으나 당시도 똑같이 자라고 있었을 것이다.

다음은 성벽 남쪽 문에 차를 세우고 동 예루살렘의 구시가로

통곡의 벽은 BC20년 헤로데 왕이 솔로몬에 이어 두번째 성전을 지을 때 쌓은 서쪽벽의 일부이다. 원래는 길이 458미터에 높이가 16미터나 되었다고 한다. 이 벽이 로마에 의해 파괴되면서 60여 미터만이 지금까지 남아 있다. 현재 성벽은 당시의 성벽 위에 새로운 벽을 더 쌓았는데 돌의 크기에 따라 처음 7단까지는 헤로데 왕이 쌓은 것이고 그 위의 4단까지는 로마 시대에 그리고 나머지는 오스만 투르크 시대에 쌓은 것이다.

들어갔다. 오른쪽 바로 앞에 그 유명한 통곡의 벽이 보이자 친구
는 아, 하고 감탄의 소리를 냈다. 통곡의 벽 그 자체가 감동적인
것보다 그만큼 사진과 영상으로는 봤지만 실물을 바로 눈 앞에
서 보고 '이것이 그것인가' 라는 감동 때문이다. 실은 나 또한 처
음 봤을 때 그랬다. 2천 년에 걸친 방랑의 비극을 겪어보지 못한

우리들로서는 실감할 수 없는 것이다. 벽 앞의 광장은 깨끗이 정비되어 관광객의 휴식처가 됐지만 1967년 이스라엘이 동 예루살렘을 점령했을 때는 광장 일대에 아랍계 예루살렘 주민들의 집들로 빽빽이 들어차 있었다.

벽으로 가는 입구에서 종이로 만든 모자 같은 것(경건한 유대교도가 정수리 부분에 쓰던 킷파를 대신하는 것)을 머리에 쓰고 벽 쪽으로 나아갔다. 검정 복장으로 몸을 감싼 교도들이 벽 앞에서 상반신을 앞뒤로 흔들면서 기도를 한다. 왜 몸을 흔드는지 누구도 그 이유는 알지 못한다. 쌓아 올려진 돌조각 사이에 종이 조각이 끼어져 있는데 이것은 어디에서나 볼 수 있는 소망이 담긴 글을 적은 종이다.

벽이라는 것은 일찍이 유대교 신전이 있었던 언덕 벽의 일부(서쪽벽)를 말한다. 그러나 이스라엘에서 대규모의 건축물을 남긴 헤로데 왕 당시에는 최하층의 7단 부분만 있었고, 그 위는 로마 시대와 투르크 시대에 증축한 것이다. 이러한 이야기는 이스라엘 어디에서나 듣는 얘기로서 요컨대 한 시대의 유적이 그대로 남아 있는 상황은 거의 없고, 어느 유적이나 몇 시대에 걸쳐 존재한다. ‘나무’가 아니라 ‘돌’의 문화가 강하다. 그리고 아이러니컬하게도 이스라엘 유적의 주요한 것은 순수한 유대 유적이 아니라 오히려 그리스나 로마의 유적이거나, 친로마적이며 유대인 사이에서는 평판이 그다지 좋지 않은 헤로데 왕의 유적들이다. 예루살렘은 기원전 바빌로니아에 의해 파괴되고 재건되었다. 기원직후 로마에 의해 또다시 철저히 파괴되었지만, 그것을 재건한 것은 유대인이 아니라 로마였다. 기독교가 널리 퍼져감

▲ 성 분묘교회의 일부 성분묘교회는 348년 완성된 뒤에 몇차례의 파괴와 재건을 거쳤다. 때문에
여러 양식의 건물이 보태져서 단일 건물이라기보다는 복합 건물의 형태를 띠고 있다.

에 따라 예루살렘의 가치가 높아졌기 때문이다. 기독교 시대에
예루살렘은 아에리아 카피토리나라고 불려졌다. 요컨대, 현재
예루살렘의 경관은 로마 비잔틴 시대의 기초 위에 이슬람과 십
자군이 개축한 것이다.

통곡의 벽 다음으로는 골고다 언덕 위에 있는 성분묘교회에 가
보았다. 누구라도 예수가 십자가를 등에 지고 올라갔던 골고다
(성서:골고타) 언덕을 외로이 서 있는 언덕이라는 식으로 생각하
기 쉽다. 영화 등에서도 대게 그렇게 그려져 있다. 그러나 실제
로 성분묘교회에 가보면 그것이 조금 높은 곳에 있다는 인상은
완전히 없어진다. 오히려 주변 건물에 둘러싸여져 낮아진 것 같
은 인상마저 받는다. 실은 언덕으로 이어진 비아 돌로로사(Via

▲ 예수의 시신을 뉘었던 바위

Dolorosa 예수가 재판을 받은 빌라도의 법정에서 골고다의 언덕에 이
르기까지 십자가를 지고 걸었던 고난의 길)가 평탄한 오르막이며 그
꼭대기가 교회이기 때문에 높은 위치에는 있는 것은 확실하다.
하지만 성분묘교회나 골고다 언덕의 그림엽서를 찾아도 언덕의
분위기를 살릴 만한 각도에서 찍은 엽서는 찾을 수가 없다. 마찬
가지로 사진을 찍기도 어렵다.

교회 안으로 들어와서 바로 오른쪽 계단을 올라가면 그곳이 십
자가가 세워졌던 장소이고 입구 정면에 있는 대리석 받침대는
십자가에서 내려진 예수가 뉘어진 곳이라고 한다. 대리석 받침
대의 왼쪽 끝에는 탑과 같은 형태의 예수의 묘가 있고, 참배를
하기 위해 많은 사람들이 줄을 서서 순서를 기다리고 있다. 교회
안에는 예수와 관련된 여러 가지 성소가 있고 7개 교단이 독자

▲ **작은 골고다** 성 베로니카 마이스터

그래서 병사들이 와서 예수와 함께 십자가에 달린 사람들의 다리를 차례로 꺾고 예수에게 가서는 이미 숨을 거두신 것을 보고 다리를 꺾는 대신 군인 하나가 창으로 그 옆구리를 찔렀다. 그러자 곧 거기에서 피와 물이 흘러나왔다. (요한 19:32~34)

적으로 그것들을 관리하고 있다. 이 교회는 로마 콘스탄티누스 황제의 어머니 헬레나가 예수 시대보다 훨씬 후인 326년에 성지 순례를 하고서 베들레헴의 예수탄생교회와 함께 건설한 것이 기원이다. 성분묘교회의 위치가 지금의 골고다의 언덕으로 결정한 것도 『성서』상의 내용을 기초로 한 것이지만 『성서』상의 골고다가 진짜 지금의 골고다인지는 확실히 알 수 없다. 덧붙여 말하면 신교도들이 이쪽이 진짜 골고다의 언덕이라고 말하는 언덕이 구시가지의 북쪽 교외에 따로 있다. 또 내가 일본에서 가지고 온 일본성서협회의 『성서』 권말에 있는 지도에는 골고다를 지금 내가 서 있는 성분묘교회에 표시하고 있지만 의문부호가 찍혀져 있

▲ 예수의 빈 무덤

다. 『성서』는 결국 전승서, 신앙서이기 때문에 역사학적으로 깊이 파고들지 않아도 좋을 것 같다. 성분묘교회의 위치 또한 그렇다.

지금은 아직 시간이 일러서인지 아니면 예루살렘이 고원에 있어서인지 그다지 덥지 않기 때문에 구시가를 걷고 있어도 피로감이 덜하고 아주 편하다. 재차 신전의 언덕 앞 광장까지 내려가 언덕에 있는 이슬람 사원을 둘러보았다. 엘 아쿠사 사원은 예루살렘에서 가장 중요한 모스크(이슬람교의 예배당)이지만 원래는 비잔틴 시대의 교회였

▲ 그리스도를 애도함 조토(1267~1337)
"당신의 마음은 예리한 칼에 찔리듯 아플 것입니다."(루가 2:35)

다. 안은 아주 넓어 많은 예배자를 수용할 수 있다. 반석 위의 돔
은 691년 일찍이 유대신전이 있던 곳에 건설했다. 돔이 금빛으로
반짝반짝 빛나고 있구나 생각했었는데 사실은 동으로 지붕을 얹
었다고 한다. 누구든 카메라를 가지고 들어가는 것은 금지되어
있기 때문에 어쩔 수 없이 내가 밖에서 구두와 카메라를 지키기
로 했다.

왜 반석 위의 돔이라고 하는가 하면 모스크의 중앙에 큰 바위
가 있기 때문이다.

유대인과 아랍인 모두의 시조 아브라함이 아들 이삭을 제물로
바치려고 했던 곳이 이 바위 위였다고 한다. 후에 솔로몬 왕이

▲ **이삭을 제물로 바치는 아브라함** 렘브란트(1606~1669)

아브라함이 대답하자 야훼의 천사가 이렇게 말하였다. "그 아이에게 손을 대지 말라, 머리털 하나라도 상하지 말라, 나는 네가 얼마나 나를 공경하는지 알았다. 너는 하나밖에 없는 아들마저도 서슴지 않고 나에게 바쳤다." (창세기 22:12)

▲ 솔로몬 왕의 신전

여기에 신전을 세웠다. 솔로몬이 세운 소위 제1신전은 기원전 586년 바빌로니아에 의해 파괴되었으나 기원전 515년 바빌로니아에서 귀환한 유대인에 의해 재건되었고(제2신전), 헤로데 왕이 기원전 20년에 크게 개축했지만 얼마 안가 로마에 의해 파괴되었다. 기독교 시대에는 여기에 교회가 세워졌고, 7세기에 이슬람세력이 예루살렘을 점령한 후 모스크가 건설되었다.

638년 예루살렘에 무혈 입성한 이는 예언자 마호메트의 뒤를 이은 제2대 정통 칼리프의 오마르 1세였다. 이 이슬람의 지배자는 기독교도와 유대교도 등 같은 계전(啓典)의 이교도들을 박해하지 않고 인두세 지불을 조건으로 관대하게 대했다. 평화로운 공존이 무너진 것은 1099년 7월 15일 약 3만의 병력에 의한 십자군의 습격이다. 성벽 안에서는 학살의 폭풍우가 몰아치고 유대인이 피난했던 회당에는 불이 활활 타올랐다. 1187년 예루살렘을 탈환한 아랍의 영웅 살라딘(살라흐 앗 딘 유수프 이븐 아이유브 1137~1193. 이슬람의 술탄. 이집트, 시리아, 예멘, 팔레스타인을 통치했으며 아이유브 왕조를 창건했다)은 기독교도가 예루살렘을 떠나는 것을 허락했다. 비극적인 면도 있지만 예루살렘은 원래 몇 개의 종파가 공존하는 평화의 도시였다.

히브리어로는 '예루샤라임' 아랍어로는 '알 쿠두스' 라고 불려지는 예루살렘은 원래 '평화의 도시' 를 의미한다.

예언자 마호메트가 40세경에 이룩한 가르침 때문인지 이슬람교는 좋든 싫든 선례를 참고하여 합리적으로 구성되어졌지만, 이슬람교에도 마호메트가 하룻밤 사이에 메카에서 예루살렘까

▼ **예루살렘을 점령한 십자군** 시뇰(19세기)

지 날아갔다고 하는 신비스런 일화가 있고, 그 때 착륙한 곳이
이 바위였다고 한다. 점령한 기독교의 도시 예루살렘을 빠르게
이슬람화시킬 필요가 있어 창작되어진 설화일 것이며, 아무리
봐도 억지로 만들어진 이야기다. 거기에 맞춰 이슬람교에서는
메카, 메디나, 예루살렘을 성지로 여기지만 가장 중요한 성지는
순례의 목적지인, 1일 5회의 예배를 드리는 방향에 있는 메카임
은 말할 필요도 없다. 이에 덧붙여 2대 성지 중 사우디아라비아
의 메카는 모하메트의 출신지로, 또한 알라의 계시를 받아 이슬
람 포교를 시작한 땅인(기원후 614년경) 메디나는 박해를 피해
성지를 옮기고서(헤지라·기원후 622년경, 즉 이슬람 원년) 처음 이
슬람 공동체를 만든 도시이다. 이상과 같이 이슬람에게 예루

살렘의 중요성은 유대교도와 기독교도가 느끼는 것과는 조금
다르다.

기독교는 예루살렘 이외에 베들레헴, 나사렛(성서:나자렛)이
라고 하는 중요한 성지가 있고, 로마 카톨릭은 바티칸이 있다.
유대교도 예루살렘 이외에 구약성서에서 중요한 위치를 차지하
는 나불루스(성서:세겜), 헤브론 등 많은 성지가 있다. 아브라함
과 야곱은 여행도중 예루살렘을 통과하지만 예배를 드리지는
않았다. 족장 시대에 『성서』에 나타나는 성스러운 도시는 나불
루스, 벧엘, 헤브론이다. 다윗이 예루살렘을 점령하기 전까지는
그곳에 먼저 살고 있던 비히브리인인 이교도의 도시(예를 들면
신전 언덕은 에브스인의 탈곡장)였다. 왕정과 신전을 절대화하는
전통을 갖지 않았던 히브리인이 예루살렘을 절대화하게 된 것
은 북왕국이 멸망하고 남왕국만 남은 이후, 특히 바빌론 유수(BC
597(또는598)∼586(또는587)년 이스라엘의 유다 왕국 사람들이 바빌로
니아의 바빌론으로 포로가 되어간 사건. 포로들의 억류는 페르시아가
바빌로니아를 점령한 BC 538년까지였다)시대이다. 오랜 노예생활
과 외세의 침략에 대한 뼈아픈 기억은 점점 심해지는 것이기에
이해할 수 있다.

어쨌든 모두가 예루살렘을 매우 중요하게 여기는 경향을 부정
할 수 없을 것이다.

예루살렘 자체는 당연히 이스라엘에서 가장 중요한 역사적 유
산이어서 많은 명소와 사적을 전부 다 보려고 했는데 일주일 갖
고는 턱없이 부족했다. 훌륭한 건물과 유적이라면 그 사실 여하
에 관계없이 보는 것만으로도 가치가 있다.

예수탄생교회

베들레헴은 예루살렘에서 한걸음에 닿을 수 있는 가까운 거리
이다. 남쪽을 향해 교외로 나오자마자 바로 베들레헴과 헤브론
방면으로 가는 길목으로 이스라엘 병사가 검문을 하고 있었다.
오늘은 한 대 한 대 검사는 하지 않았다. 조수석의 친구는 자동
소총을 메고 방탄조끼를 입은 병사에게 처음 검문을 받아서인지
다소 긴장한 모습이었다. 여기부터는 드디어 팔레스타인의 서안
지역에 들어가게 된다.

아이를 갖고 싶어하는 유대인 여성이 참배하기 위해 방문한다
는 야곱의 부인인 '라헬의 무덤' (창세기 35:19~20)이 보인다. 십

자군이 무덤 위에 처음 건물을 세웠다. 교차로에서 좌회전하면 베들레헴으로 향하게 되고, 곧장 앞으로 나아가면 팔레스타인에서 가장 치안이 허술하다는 헤브론과 연결된다.

베들레헴은 완만한 언덕 위에 세워진 한 폭의 그림처럼 아름다운 도시다. 주변의 언덕에 형성되어 있는 아랍식 마을은 전형적인 팔레스타인 풍경이다. 길을 곧장 달려가면 그대로 예수탄생교회 앞에 다다른다.

십자군 시대에 방어를 위해 만들어진 좁은 입구로 등을 구부려 안으로 들어갔다. 마루의 일부가 부서져 있고, 마루 바닥에 모자

▶ **거룩한 밤** 코레조(1489?~1534)
하늘 높은 곳에는 하느님께 영광, 땅에서는 그가 사랑하시는 사람들에게 평화!(루가2:14)

이크가 보인다. 로마시대의 것이다.

제단 옆에 있는 성직자들을 보고 친구는 그리스정교의 성직자임을 한 눈에 알아차릴 정도로 매우 식견이 높았다. 제단 밑 지하로 들어가자, 예수가 태어났다는 작은 동굴이 있었다. 단체로 신자들이 기도하는 중이었다. 기도가 끝나자 그들은 제단 아래의 마루에 있는 별 모양 마크 아래쪽을 보았다. 거기 보이는 공간이야말로 예수가 태어난 장소라고 한다. 외국에서 온 나이가 지긋한 여성들 중에도 그 구멍을 보고 감동해서 흐느껴 우는 사람조차 있었다.

생각해보면 신기한 이야기다. 나사렛(갈릴리)사람인 예수가 베들레헴 태생이라서 다윗 왕의 후손이 되었다. 예루살렘의 교조주의, 권위주의에 반대하고, 유대에서나 로마에서도 이단시되어진 예수의 포교가 동지중해를 거쳐 머나먼 유럽 땅에 퍼져나갔다. 예수를 처형한 자들이 로마인, 즉 유럽 문화의 뿌리를 창조한 사람들이라는 것을 유럽인 신자들은 어떻게 인식하고 있을까. 그리고 지금, 항상 반유대의 불씨가 남아 있는 유럽에서 이렇게 많은 순례자가 유대인의 땅을 방문한다. 그들의 마음속은 도대체 어떻게 정리되어 있는 것일까.

한편, 예수가 태어난 동굴에서 나와, 옆에 있는 카톨릭 성당으로 갔다. 크리스마스 때 TV를 통해 베들레헴에서 온 세상으로 방송하는 미사 장면은 이 성당에서 촬영한 것이다.

정원에 들어가면 4세기 말 이탈리아에서 팔레스타인으로 이주해서 이곳 베들레헴의 수도원에 살았던 성 히에로니무스의 입상이 있다. 이탈리아에서 그에게 가르침을 받은 상류 귀부인이 그

를 사모해서 팔레스타인으로 이주한 사람도 있고, 또 많은 사람
들이 순례를 왔다. 로마 교회에서조차 순례를 중요하다고 생각
하지 않았던 시기에 이 위대한 교부는 성지순례라고 하는 관행
을 확립하는데 최대의 공헌을 했던 인물중 한사람이다. 예루살
렘과 베들레헴을 걸어서 둘러보고 잠시 쉬기 위해 교회 앞 메인
저 광장에 있는 카페에서 금방 만들어진 쥬스 두 잔을 연속해서
마셨는데 역시 과일은 열대지방이 맛있는 것 같다.

유대황야의 워털루, 헤로디온

베들레헴에서 사해로 가기 위해 예루살렘으로 되돌아갈 필요
는 없다.

헤로데 왕이 건설한 헤로디온을 보고 길을 따라 가면 그대로
사해로 이어지는 1번 도로에 합류할 수 있다.

베들레헴을 출발하기 전에 중심부에서 동쪽으로 1킬로미터 정
도 떨어진 곳에 있는 '양치기 들판'이라는 장소에 일단 멈췄다.
예수가 태어난 날 양치기들이 노숙하면서 양을 지키고 있을 때,
하늘에서 주의 영광과 천사들이 나타나 예수탄생을 알렸다는 이
야기가 있다.(루가 2: 8~20) 그 양치기들이 매장되어 있는 지하
교회가 있는데 이곳도 헬레나가 건립한 교회이다. 단지 예수탄
생교회, 성분묘교회 등 그녀가 세운 교회는 성지에 많이 있지만,
이 지하 교회만 유일하게 외곽에 세워져 그대로 남아 있다. 지금
은 바로 옆에 그리스정교의 교회가 세워지고 있다.

차를 타고 베들레헴 교외에 있는 헤로디온으로 향했다. 그다지
유명한 관광지는 아니지만, 이름대로 이것 또한 건축왕 헤로데

가 건설하고서 자신의 이름을 붙인 건물이다. 아직 발견되지는 않았지만 헤로데 왕 역시 이곳에 매장되어 있다고 추측하고 있다. 베들레헴에서 20분 정도 차를 타고 가면 주변에 관목이 듬성듬성 나있는 팔레스타인 특유의 구릉 지대가 이어진다. 교회가 있는 부분에서 우회전해서 조금 가다보면 갑자기 왼쪽에 부자연스러운 형태의 언덕이 보인다. 언덕 기슭에 열주가 쭉 늘어서 있었다. 이곳은 헤로데의 궁전 유적이다. 예루살렘의 유대인 지구로 연결된 로마 열주의 출현이다.

차로 언덕 중턱까지 올라갔다. 주차장에는 차가 한 대밖에 주차되어 있지 않았다. 누구나 올 수 있는 장소는 아니라는 우월감에 잠시 젖어 있었다. 입장료를 내고서 정상까지는 걸어서 올라갔다. 점점 더워지기 때문에 모자가 필수품이다. 작은 언덕 위에 도대체 무엇이 있을지 생각해 보았다. 잠시후 정상에 도착하자 거기에 펼쳐지는 광경에 그만 내 눈을 의심했다. 정상전체가 유적으로 되어 있고, 네 개의 탑 흔적이 있고, 열주가 나뒹굴고 있다. 기슭 부분은 궁전이고 정상 부분이 요새라고 한다. 네 개의 탑이 우뚝 선, 완전한 모습을 한 당시의 이 유적은 주변에서 볼 경우 얼마만큼 강렬한 존재였을까. 더욱 놀란 것은 맨 처음에 요새가 건설되고 그것을 덮을 수 있도록 인공적으로 언덕이 만들어졌다는 점이다. 건축에 대한 헤로데 왕의 정열이 전해져 오는 듯한 요새 겸 왕궁이다. 헤로디온은 두 차례에 걸친 반로마 항쟁에서 유대인의 거점으로서 중요한 역할을 했지만 강대한 로

▲ **예리코에 있는 유대교 회당의 모자이크(7세기)**
일곱가지 등잔, 수양뿔 등 유대의 상징과 히브리어로 이스라엘에 평화라는 글씨가 담겨 있다.

마 앞에 두 번다 굴복하고 말았다.

사방팔방으로 팔레스타인의 황야를 바라다볼 수 있는 이 요새에 서서, 그 모습은 달라도 나폴레옹의 패전지인, 벨기에의 수도 브뤼셀의 남쪽 워털루에 있는 인공언덕을 생각했다. 워털루는 지역적으로 벨기에의 프랑스어권과 네델란드어권이 만나는 곳으로, 바꿔 말하면 라틴 민족과 게르만 민족의 접점에 위치한다. 그리고 헤로디온도 이스라엘과 팔레스타인의 접점에서 가깝다.

예리코에서 사해로

시계바늘이 정오를 가리키고 있어서 다음 예정지인 예리코(성서:여리고)로 향했다. 베들레헴으로 돌아오는 도중에 예리코 방

면 표지판이 있어, 그 길을 따라 달려가자 1번 도로, 즉 예리코 가도가 나왔다. 도로 우측에 '착한 사마리아인'(루가 10 : 30~36) 의 일화가 남겨진 장소를 통과한다. 이 길에서 강도를 만나 크게 부상당한 여행자를 자기 가족처럼 도와준 사람은 처음 지나갔던 유대인 제사장이 아니라 당시 차별받고 있던 사마리아인이라는 일화로 이웃이란 반드시 유대인만이 아니다라는 비유이다. 조금 더 가면 해발 제로의 비석이 있다. 이제부터 가는 곳은 해발 이 하의 세상이다. 더욱 밑으로 내려가니 눈앞에 요르단의 계곡이 보이고 오른쪽으로는 희미하지만 사해가 보이기 시작했다. 비탈 길을 내려가 요르단 계곡에 다다른 후 좌회전을 하고 조금 더 가 자 예리코가 나타났다.

모세의 인도 아래 이집트를 탈출한 히브리인들이 시나이 반도를 방황하다가 여호수아의 지휘아래 지금의 요르단 쪽에서 겨우 약속의 땅 가나안에 들어간 지점이 이곳 예리코이다. '예리코 전투'에서는 성벽의 주위를 나팔을 불며 돌자 성벽이 무너져 내렸다는 유명한 『성서』 이야기가 있다.(여호수아 6 : 8~21) 그러나 일반적으로 받아들일 수 있는 이야기이지만, 너무 과장된 기분이 든다. 현재 지배적인 학설은 남쪽에서도 가나안 이주는 행해졌고,(약속의 땅의 정찰 이야기, 민수기 13장) 요르단 강 동안에서도 정복활동은 이루어지고 있었기 때문에(민수기 21~32장) 히브리 민족이 한번에 예리코에서 가나안에 입성했다는 것은 아무래도 믿기 어려운 사실이다. 몇 개의 부족이 제각각 가나안 땅에 들어왔고, 가나안 입성에는 시간적인 차가 있었다고 한다. 그리고 가

▶ 착한 사마리아인

그런게 길을 가던 어떤 사마리아 사람은 그의 옆을 지나다가 그를 보고는 가엾은 마음이 들어 가까이 가서 상처에 기름과 포도주를 붓고 싸매어 주고는 자기 나귀에 태워 여관으로 데려가서 간호해 주었다.(루가 10:33~34)

나안 입성 경위의 차이로 지금까지 히브리 민족 분열의 원인이 되고 있다고 한다. 역사는 한마디로 설명할 수 있을 만큼 단순하지가 않은 모양이다.

예리코는 유대인에 역사적으로 중요한 도시다. 그러나 1993년 9월 이스라엘·PLO간의 전격적인 오슬로 합의를 받아들여 1994년 5월부터는 이곳 예리코에서 팔레스타인에 의한 잠정자치가 시작되었고 현재 예리코는 완전히 팔레스타인의 도시가 되었다. 어째서 서안에서 예리코가 가장 먼저 팔레스타인 측에 반환되었는가. 그것은 전적으로 주변 유대인의 수가 적고 반환상의 문제점도 적었기 때문이다.

이스라엘군은 이미 예리코에서는 철수했지만 예리코 입구에서 여전히 검문을 하고 있다. 평상시는 차가 줄을 서서 기다리고 있지만 오늘은 서행하면서 바로바로 통과했다. 우선 도시 한 복판은 그대로 지나쳐 외곽지까지 차를 달려 예수가 악마에게 시험당했다고 하는 유혹의 산 기슭에 가 보았다. 절벽 꼭대기 부분에 수도원이 있다. 사란다리온이라는 그리스정교의 수도원이다. 절벽을 올라갈 수 있는 작은 길이 있어 힘들게 수도원까지 올라가는 것은 좋지만, 수도원 안으로 들어갈 수 있다는 보장은 없다. 한 외국인이 아이를 데리고 고생해서 올라오자, 수도사들이 동정해 안으로 들어오게 한 적이 있다고 대사관에서 들은 적이 있다. 태양이 머리 바로 위에 떠 있어 현기증이 날 정도로 더웠지만 참고서 비탈길을 올라갔다. 수도원 문에 거의 다다르자 입구가 열려 있고 차분해 보이는 수도사가 들어와도 좋다고 손짓을 했다. 소문대로 일이 잘 되어 내심 회심의 미소를 지었다. 안으

▲ 유혹의 산

로 들어가자 좁은 통로의 양측으로 거주구역과 교회가 벽에 착
달라붙은 듯이 지어져 있었다. 바깥 쪽 건물은 절벽에서 튀어나
오게 만들어졌다. 고소공포증이 있는 사람에게는 그다지 권유하
고 싶지 않은 곳이다. 멀리 바라다보면, 오아시스의 도시 예리코
너머 저편에 요르단 쪽의 구릉지대가 보인다. 수도원으로서도
좋지만 감시대로서도 훌륭한 장소다. 수도사에게 인사를 하고
그곳을 떠났다.

　다시 차를 타고 도시 안으로 돌아와 구약성서 시대의 예리코이
며, 1억 년 역사의 인류 최고의 거주유적이라 일컬어지는 텔엑
술탄에 갔다. 이곳은 아주 오래 되어 유적과 같은 형태가 남아
있지 않았기 때문에 전문가가 보지 않으면, 여기저기 파헤친 모
습이 여느 공사현장과 조금도 다름없다. 아까부터 더위 속에 지

쳐있었기 때문에 유적지 근처 레스토랑에서 늦은 점심을 들었다.

조금 기운이 회복되자 사해로 향하기 전에 요르단 국경방면까지 드라이브하기로 했다. 아직 가본 적이 없는 아렌비 다리와 예수가 세례 요한에게 세례를 받은 장소(마태오 3: 13~17)에 있는 교회를 보고 싶었다. 그러나 우리들이 들어갈 수 있다는 보장은 없다. 요르단과는 1994년 평화가 이루어져 예리코도 같은 해에 이스라엘군이 철수를 하고 자치가 시작되었지만 양쪽 모두 국경 근처여서 이스라엘과 팔레스타인의 권력이 미묘하게 교차하는 지점이었기 때문이다. 중심지에서 동쪽을 향해 달렸다. 왼쪽으로 한국의 대기업이 세운 큰 공장이 있었다. 남북을 관통하는 90번 도로와의 교차점을 지나 조금 더 가자 이스라엘 측의 검문이 있었다. 아렌비 다리에는 마중나오는 사람이 있거나 사전에 통보를 한 경우가 아니면 검문소를 통과할 수 없었다. 어쩔 수 없이 다음을 기약하면서 길을 돌리기로 했다. 다음은 지도를 보면서, 엘 마가타스라고 하는 장소를 목표로 삼았지만 근처에도 갈 수 없었다. 생각해보니 당연할지도 모른다. 교회는 요르단 강변에 즉 국경 근처에 있을 것이므로 그 지역이 일반인에게 개방되어 있지 않을 것이다. 그래서 그 대신에 예수가 세례 받은 장소로서 갈릴리 호수 남단의 요르단 강 지류를 많은 순례자가 방문하지만, 사실은 예리코 근처 요르단 강변이 예수가 세례를 받은 곳이다.

아렌비 다리와 예수가 세례를 받은 곳은 포기하고 그냥 사해로 향하기로 했다. 예리코까지 오면 바로 가까운 곳에 사해가 있다. 우선 사해 북단에 위치한 쿰란에 가보자. 이스라엘의 독립 전후

에 쿰란 부근 바위산 동굴에서 가장 오래 된『성서』라는 사해문
서가 발견되어 일약 명성을 날리게 된 곳이다. 동굴은 바위산 윗
부분에 있고, 아주 오랜 옛날에는 그곳까지 물이 차 있었고, 수
위가 내려감에 따라 많은 동굴이 만들어졌다고 한다. 항아리에
들어 있던 제2신전 시대의 고사본 7권, 소위 사해 문서를 베드원
족 소년이 발견한 곳도 이렇게 생긴 자연동굴 중 하나다. 그 아
래 바위산 기슭에 있는 쿰란 유적은 당시는 로마 군대가 주둔하
고 있었던 곳으로 추측되지만, 조사해 보니 엄격한 유대교의 한
지파 에세네파의 수행자가 거기에 수도원을 운영하고 있었다.
로마군은 그 장소를 이용하고 있었을 뿐이었다. 사해문서를 누
가 남겨 놓았는지 모르지만 에세네파의 사람들이 그것을 비장하
고 있었으며, 그들이 남긴 것이 아닌가 추측하고 있다. 이와 연
관되어 예수와 요한은 에세네파의 사람이고, 에세네파야말로 기
독교의 모체라는 주장도 있지만 너무 단순화시킨 이론이 아닌가
한다. 에세네파는 자기들이 신에게 선택받은 빛의 아들이라고
간주하고, 그 외의 어둠의 자식들을 혐오하고, 대항하는 것을 사
명이라 생각한다. 그것은 단 한번의 세례로 뉘우침을 갖게 되는
요한의 교의와 적을 사랑하라는 예수의 교의와는 근본적으로
다르다. 어쨌든 그것은 지금 사해문서의 수수께끼이므로 내가
여행 도중에 이것저것 생각할 문제는 아니다.
　쿰란 유적은 서기68년 유대의 반로마 항쟁 때 파괴되었다. 유
적으로는 나무로 만든 전망대에서 에세네파의 사람들이 살던 주
거, 서사실, 의례용 목욕탕, 도자기제작소, 책상과 의자가 늘어
져 있는 큰 방 등을 볼 수 있었다.

그러나 요한은 "제가 선생님께 세례를 받아야 할 터인데 어떻게 선생님께서 제게 오십니까?"하며 굳이 사양하였다. 예수께서 요한에게 "지금은 내가 하자는대로 하여라. 우리가 이렇게 해야 하느님께서 원하시는 모든일이 이루어진다"하고 대답하셨다. 그제야 요한은 예수께서 하자시는 대로 하였다. (마태오 3:14~15)

오늘중으로 한 유적지를 더 보고자 한다. 말할 필요도 없이 이스라엘 최대의 국립공원인 마사다이다. 지금 있는 쿰란은 사해의 북단, 마사다는 사해의 거의 남쪽에 위치하고, 사해 근처라고는 하지만 꽤 시간이 걸리는 여정이다. 마사다에 도착한 시각은 태양이 아직 쨍쨍 내리쬐고는 있었지만 이미 해가 넘어가는 오후 5시였다. 재빨리 케이블카 타는 곳에 가보았더니 마지막 편이 막 떠나버린 후였다. 케이블카는 5시까지만 운행되며, 그 이후는 위에 있는 손님들을 내려보낼 뿐이다. 밤 8시까지 환한 여름 관광시즌인데도 장삿속이 없는 것 같다.

어쩔 수 없이 마사다에서 가까운 엔 게디에서 사해를 보기로 했다. 북쪽 사해에서 시설이 좋은 엔 게디 주차장에 차를 세우자

▼ 쿰란 유적지 전경

바로 옆 차의 아줌마가 이곳은 5시에 문을 닫는다고 말해 주었다. 어이가 없어 이번에는 아까보다 시설이 좀 안 좋지만 북쪽에 있는 곳으로 갔다. 여기는 아직 사람도 많고 호수 안에 들어가 있는 사람도 있었기 때문에 안심이 되어 빨리 수영복으로 갈아 입고, 살금살금 걸어가(자갈 해안이어서 발이 아프다) 사해의 물에 몸을 담갔다. 근처에 아랍계의 젊은 사람들이 왔는데 남자들은 물에 들어왔지만 여자들은 그저 바라보고만 있을 뿐이었다. 타이 등, 아시아에서도 여자들이 수영복을 입고 물에 들어가는 경우는 드물다. 여성이 피부를 노출하고 물에 들어가지 않는 것도 하나의 문화이다. 옆에 떠 있는 유대계의 커플이 "일본인입니까. 일본에는 좋은 물건이 많지요. 소니, 스바루…"하며 말을 걸었다. 스바루를 중동 지역에서 수입하는 곳은 이스라엘뿐이다. 예전에 군대에서 튼튼하다는 이유로 군용차로서 스바루를 선택한 이래, 스바루만은 아랍에서 판매저지를 당한 가운데 이스라엘에서는 꾸준히 팔려 왔기 때문이다.

잠시 사해에서의 부유체험(몸이 물위에 뜨는 체험)을 한 후 사해의 남쪽에서도 수영을 하기 위해 수영복을 갈아입지도 않고 차 시트에 수건을 깔고 재빨리 남쪽으로 떠났다.

사해의 북쪽이다, 남쪽이다라는 것은 사실 사해는 매년 수위가 내려가고 있고 근 수십 년 동안에 10미터나 수위가 내려갔다고 한다. 그래서 제일 얕은 남쪽에서 3분의 1정도의 지점에 호수 바닥이 완전히 드러나고, 호수가 남북으로 나누어졌기 때문이다. 요르단 쪽에서는 튀어나온 호수 바닥을 아라비아어로 엘 리산(혀)이라 한다. 이렇게 쓰면 성서 시대는 당연히 호수 바닥이 드러나지 않고 그냥 호수였을 것으로 생각하기 쉬우나 놀랍게도 당시는 지금보다도 더욱 수위가 낮았고, 엘 리산보다 남쪽은 완전히 바짝 말라 있었다고 한다.

남쪽의 사해가 보이기 시작했다. 수 미터밖에 안 되는 수심이어서 그런지

사해에서 볼수있는 소금의 결정

호수의 물빛이 북쪽과는 달리 기분나쁠 정도로 녹색에 가까웠다. 예약을 한 호텔은 바로 찾을 수 있었다. 체크인을 하자마자 재빨리 해변으로 걸어갔다. 물빛이 북쪽과 다른 이유는 남쪽이 염분이 많기 때문이다. 물의 미끈미끈한 느낌은 더욱 강하고, 호수 바닥에는 소금이 그대로 응고된 부분이 있었다. 호수를 쳐다보면 제방이 여기저기 늘어서 있어 아무래도 남쪽은 인공적으로 호수를 이용하고 있는 듯하다. 해가 서산으로 기울고 요르단 쪽의 산이 핑크빛으로 물들어가는 것을 물 위에 뜬 채 바라보고 있었다.

사해에서 홍해로

다음날 아침 조금 늦게 일어나 아침식사를 충분히 들고 9시 반에 호텔을 출발했다. 오늘은 남쪽의 엘라트 방면으로 향할 예정인데 그 전에 북상해서 어제 못 본 마사다로 향했다. 해발 이하로 분지 같은 사해 지방은 다른 곳보다 더워서 케이블카에 올라탄 오전 10시도 이미 꽤 덥다. 우연히 일본에서 온 단체관광객과 함께 마사다 요새로 올라갔다. 주변의 경치가 너무 웅장하여 오히려 공포심을 느낄 수 없었다. 푸른 사해에서부터 흰색에 가까운 엷은 갈색의 황폐한 모래땅의 지형이 계속되다가 갑자기 400미터 높이의 깎아지른 듯한 바위산이 나타난다. 바위산의 높이가 일정하고 가지런하게 된 것은 전에는 그 높이에 대지가 이어져 있었음을 나타낸다. 지각변동으로 갑자기 사해부분과 400미터의 단차가 발생했다.

케이블카에서 조금 더 계단을 올라 바위산 위로 가보니 정상은 생각한 것 이상으로 평탄한 테라스였다. 초목조차 없는 바위산 정상에서 헤로데 왕은 저수지를 파고, 사우나마저 만들어 궁전 겸 요새로 사용했다. 헤로데 왕의 가족만을 위한 마사다 저수지는 많은 순례자의 수요를 조달하는 예루살렘 신전의 저수지보다 용량이 컸다고 한다.

헤로데 왕이 마사다를 요새화시킨 것은 로마 원로원으로부터 유대왕으로 지명됐음에도 불구하고 내란이 발발할 염려와 로마로부터 권력을 빼앗길 우려가 있기 때문이었다. 헤로데에게 반석의 요새인 마사다는 그후 열심당(熱心黨, Zealot. 유대교의 분파로 로마의 다신교에 대해 조금도 타협하지 않았다)의 유대인이 로마에 저항하던 기지가 되었다. 마사다를 유명하게 한 것은 헤로데의 위업보다, 로마에 저항해서 3년 가까이 농성을 벌인 천여 명의 열심당 유대인들이 73년, 최후로 여기서 집단자결을 했다는 역사적 사실에 의해서이다. 그것을 계기로 유대인은 2천 년에 걸친 방랑의 운명을 거역하지 못하고 '마사다는 두 번 다시 함락시킬 수 없다'란 교훈을 낳았다.

그러나 나는 이 부분에 좀 이의가 있다. 유대가 로마에 대해 항쟁을 했다고 하는데, 확실히 66~73년의 제1차 항쟁은 거의 전국적 규모로 일어났다.(그러나 케살리아, 사마리아, 베트 쉐안 등의 도시는 참가하지 않았다) 당초, 로마·유대 사이에서 중개, 설득의 역할을 담당했던 지도자 중 한사람인 요세푸스 플라비우스는 유명한 『유대 전쟁사』에서, 강대한 로마에 대한 유대인의 항쟁은 애초부터 무익하고, 일부의 무모한 반동분자에 의해 선동되어 발생한 것이라고 진술하고 있다. 마사다가 최후에 함락된 것은

73년 여름이다. 그 후 재차 132~135년에 유명한 발 콕바의 항쟁
이 유다 지방에서 재발했는데 북부 갈릴리 지방은 참가하지 않
았다. 현실은 모든 유대인이 로마에 반항했던 것은 아니고, 항쟁
이 실패해서 유대인이 이 땅에서 사라진 것도 아니다. 오히려 반
대로 산헤드린(최고법원)이 처음으로 이전된 야브네의 뒤를 이어

▼ 마사다 요새
전경

2~3세기의 갈릴리 지방에서는 예루살렘으로부터 랍비가 다수 이주해 〈미슈나〉의 성문화(成文化)가 이루어지고 유대문화가 융성하게 발전했다. 만일 마사다의 비극을 유대 2천 년간의 방랑의 역사와 직접 결부시킨다면 그건 역사의 왜곡일 것이다.

마사다 북단의 테라스에서 조금 내려간 곳에 두 단의 궁전이

만들어져 있다. 비밀을 좋아하던 헤로데의 사저로 3단 테라스로 이동해도 주위에서는 보이지 않도록 통로가 설계되어 있다고 한다. 지도를 보고 발견한 것인데 신기하게도 최하층의 테라스는 무슨 연유에서인지 지중해의 해발과 딱 맞아떨어진다.(지중해의 해수면은 다른 대양의 해수면보다 조금 낮다) 해면 아래 400미터의 호수면에서 400미터 정도 높은 곳에 있기 때문에 테라스가 해발 제로인 것은 우연의 일치라고 보기는 어렵다.

한편 시간은 정오 전이지만 사해에 오래 머물지 않고 천천히 엘라트를 향했다. 사해에서 이별을 고하고 드디어 네게브 사막 지대로 들어갔다. 사막이라고 해도 온통 모래만 깔린 사막이 아니라 관목도 많이 자라고 있는 곳이었다. 텔아비브에서 엘라트

까지 운전하려면 4~5시간이 걸리지만 이번에는 이미 사해 남쪽까지 왔기 때문에 엘라트까지라면 그저 두 시간 정도의 드라이브에 불과하다. 이스라엘 쪽보다 훨씬 아름답고 웅대한 왼편의 요르단 쪽 계곡을 바라보며 운전을 계속했다. 90번 도로를 타고 꽤 남쪽까지 왔을 때 오른쪽으로 팀나라는 간판이 보인다. 가이드북을 살펴보니, 사막공원이었다. 광대한 대지를 차로 이동하는데 공원 북쪽에는 양송이처럼 생긴 것 등, 여러 가지 형태를 한 바위나 기괴한 암석층이 노출되어 있어 눈을 즐겁게 해주었다. 남쪽으로 가니 거기에 솔로몬 왕이 구리를 채굴했다는 '솔로몬 왕의 동산(銅山)'이라 불리는 깎아지른 듯한 바위산이 나타났다. 온갖 영화를 누린 솔로몬 제국의 재정을 탄탄하게 유지하는데 큰 공적을 세운 광산이라 한다.

가는 도중 관광을 하면서 90번 도로를 타고 내려와 엘라트에 들어갔을 때는 오후 3시가 지났다. 엘라트는 처음이고 방향감각

▲ 마사다 요새안에 있는 욕탕

이 서지 않아 어떻게 하면 좋을까 생각하는데 이미 도시 중심부를 빠져 나와 왼쪽으로 아카바 만이 보이기 시작하고 가이드북 등에서 잘 소개되어 있는 해상수족관이 보이기 시작했다. 이 길로 가면 이집트 국경의 타바 방면이란 생각이 들자마자 타바의 국경검문소가 보이기 시작했다.

여기까지 온 김에 엘라트에서 하룻밤 자지 말고 온 김에 시나이반도까지 가기로 했다.

차를 두고 사무소 안으로 들어가 이스라엘 쪽의 출국세를 지불하고 도장을 받았다. 간단히 이스라엘에서 벗어났다. 차로 검문소를 지나자 왼쪽으로 타바 힐튼이 보였다. 이스라엘은 시나이반도를 이집트에게 단계적으로 반환했지만 타바 힐튼만은 영유

▲ 에세네파 공동체에서 일반적으로 사용하던 도기. 1세기.

권을 고집하여 논란이 계속됐다. 결국 힐튼의 한 부분도 반환했기 때문에 타바 힐튼은 오래된 국경과 새로운 국경으로 둘러싸인 특이한 장소가 되었다. 즉 지금의 장소가 두 개의 국경 사이인 것이다. 좌우로 조금씩 건물이 보이지만 뭔지 잘 몰라서 곧장 달려가서 앞에 보이는 검문소까지 갔다. "타바에 가고 싶은데요"라고 하자, 경비원이 "여기까지가 타바고, 여기서부터는 시나이 반도입니다"라고 한다. 그리고 시나이 반도로 들어가려면 다시 입국 절차를 밟아야 하며 타바 힐튼에 체재하는 한 지금 현재 상태만으로도 괜찮다고 한다. 복잡한 타바의 사정을 이제야 조금 알 수 있을 것 같았다.

차를 되돌려서 트라픽, 카스탐즈라고 써 있는 사무소마다 차를 세우고 다가가서 수속을 밟는다. 웃음이 나오는 것은 이집트 번호판을 이스라엘 번호판 위에 그냥 겹쳐서 붙이는 것이었다. 드라이버로 작업해 준 사람은 신속하게 팁을 요구했다. 이집트에 왔다는 것을 실감할 수 있었다.

쩽쩽 내리쬐는 태양아래서 이스라엘측 수속을 밟으면서 한 시

간 정도 시간을 허비했지만 일이 잘 해결되어 시나이 반도에 들어갈 수 있게 되었다.

시나이 반도를 달리기 시작한 지 얼마 안돼서 꿈속에서 보는 것 같이 파랗고 조용한 아카바 만 왼쪽으로 갑자기 섬이 나타났는데 정상에는 요새 같은 것이 보였다. 나도 모르게 차를 세우고 도로가에 있던 안내문을 보니 그것은 파라온 섬이라 한다.

요새는 아이유브 왕조의 술탄, 아랍의 영웅 살라딘이 십자군으로부터 지역을 방위하기 위해 만든 것이라고 한다. 하긴 섬 자체를 솔로몬 대선단의 모항(母港)인 에시온 게벨(열왕기상 9 : 26)이라고 보는 시각도 있다. 경치는 좋지만 사실 이국의 사막을 해질 녘에 숙소도 정하지 않고 달리는 것에 불안을 느끼기 시작했다. 도대체 이 앞에 마을은 있는 걸까, 호텔은 있는 걸까. 그러나 도로표지판으로 60킬로미터 앞에 느웨바라는 마을이 있다는 사실에 일단 안심을 하고 거기까지 가보기로 했다. 직장동료한테 느웨바까지 헤엄쳐갔다는 이야기를 들은 적이 있기 때문이다. 우리는 왼쪽에 있는 아카바 만을 보며 계속해서 달려갔다. 때때로 해변에 방갈로풍의 숙박시설이 보인다.

느웨바에 가까워지자 느웨바 힐튼이라는 간판이 눈에 들어와서 그것을 목표로 삼았다. 느웨바 항의 옆에 힐튼이 있었다. 호텔 수영장도 있는 완전한 리조트 호텔이다. 호텔 문 앞에 차를 세우고 친구에게 비어 있는 방이 있는지 확인하게 했다. 결과는 OK. 싱글룸이 100달러로 꽤 비싸다고 생각했지만 방 두 개를 잡고 체크인했다.

시간은 이미 저녁이 되어 해는 거의 서산으로 넘어갔다. 우선 오늘 하루의 피로를 풀기 위해서라도 홍해, 아니 엄밀하게는 아카바 만으로 가서 몸을 담궈보려고 재빨리 해변으로 향했다. 홍해를 스쿠버다이빙의 메카로 우러러보는 사람들에게는 죄송하지만 우리들은 온천을 즐기는 기분으로 목욕수건을 걸치고 기분 좋게 나갔다. 해변은 하얀 모래로 바다도 물이 깊지 않다. 확실히 아름다운 바다다. 그러나 어슴푸레 어두어진 바다속에서 헤엄친다는 것은 좀 무서운 느낌이 들었다. 나는 분위기만 즐기고서 서둘러 돌아왔다.

시나이 산으로

다음날 아침식사 후 오전 8시에는 호텔에서 택시를 전세내서 시나이 산으로 떠날 계획이었다. 호텔에서 알아보니 시나이 반도에는 무연휘발유가 없다고 한다. 내차는 새차여서 무리하지 않고 시나이 산을 여행할 계획이었다. 그런데 아침이 되자 휘발유 문제로 계획이 중지되었다. 어쩔 수 없이 150달러를 내고 택시를 타야 하는 처지가 되었다. 우리는 한동안 왼쪽의 홍해를 보며 달렸고 다음 마을에서 내륙으로 들어갔다. 웅장한 광경이 펼쳐지자, 나는 문득 남아프리카의 웅대한 산악 풍경 속을 드라이브했을 때가 생각났다. 긴시간을 달려 구불구불한 산길을 빠져나오자 관광버스와 호텔이 여기저기 보이기 시작했다. 이곳은

▼ 파라온 섬 전경

시나이 산을 오르기 위해 베이스캠프 역할을 하는 마을로 가장 안쪽에 성 캐더린 수도원이 있었다.

운전기사에게 기다려달라 하고서 바로 등산로 입구를 찾았다. 수도원의 옆에는 등산객이 무리지어 있었고, 곧장 앞으로 가자 등산로가 나왔다. 우리들은 무언가에 홀린 듯이 잠자코 산길을 오르기 시작했다. 종교적으로 뭔가를 느꼈기 때문이 아니라, 40대에 달한 자신의 체력이 어느 정도인지 도전해 보고 싶다는 기분이 들었기 때문일 것이다. 여기 산길은 그렇게 험하지는 않았다. 오히려 완만한 경사면을 헤치고 나가듯이 올라갔기 때문에 거리가 먼 느낌이다. 게다가 여러 방향으로 경사면을 올라갔기 때문에 도대체 어디에 정상이 있는 건지 어디를 목표로 하고 있는 건지 전혀 알 수 없었다. 등산의 괴로움을 맛보기 시작했을 즈음, 겨우 목표의 정상이 보이기 시작했다. 맨살을 드러낸 거대한 바위 옆으로 등산로가 이어져 있는 것이 보였다. 이 바위산이 아마도 시나이 산의 정상일 것이다. 정상을 발견은 했지만 다리의 피로가 정점에 달해 있었다. 마지막에는 숨이 차서 휘청거리면서 기도원이 세워져 있는 정상에 겨우 다다랐다. 해발 2285미터의 정상은 좁은 면적으로 작은 기도원 이외에 아무것도 없다.

아랍어로는 제베르 무사라고 하는 이 산정에 하느님이 내려와 모세를 불러 십계를 내렸다고 한다.(출애굽기 19장) 그러나 구약성서의 기술에서도 시나이 반도 부분이 지리적으로 장소를 분류하는 것이 가장 곤란하다고 한다. 더구나 『성서』내용의 장소를 찾아내는 것은 사실 불가능하다. 또 시나이 산이 여기가 아니라는 설도 근거가 없는 것은 아니다. 사실 등산하면서 산정이 어디

쯤인지 전혀 알 수 없었듯이 시나이 산은 주변의 산세에서 둘러싸여져 주위에서도 조망하기 어렵고 눈에 잘 띄지 않는 산이다. 또 시나이 산의 다른 유력한 후보지는 시나이 산의 북서쪽 35킬로미터 지점에 있는 제베르 셀바르라는 산이다.

시나이 산에 관해서 가장 흥미 깊은 것은 모세가 오랫동안 산에서 내려오지 않아서 히브리 사람들이 모세의 형 아론에게 부탁하여 이집트 시대의 태양신앙에 기인한 금송아지 상을 만들어 떠들썩하게 제사를 지냈던 것이다.(출애굽기 32장) 이 모습을 보고 크게 노한 모세는 레위인을 시켜 미쳐 날뛰는 사람들을 죽이게 했는데 이 숫자는 3천 명이나 되었다. 도대체 이 사이에 무슨

▼ 시나이 산

▲ 시나이 산 정상의 기도원

일이 일어난 것일까, 왜 금송아지 상을 만든 장본인인 아론은 무사했던 것일까.

강풍이 부는 가운데 인간 세상의 경치를 바라보면서 잠시 쉬고 다시 길을 재촉했다. 하산길은 도중에 다른 길을 택했다. 올라갔던 길은 모든 사람이 다니고 있고, 느긋하고 긴 거리를 걸어 갈 기분이 나지 않았다. 다른 길은 험하면서도 캐더린 수도원까지 곧바로 내려가는 길임에 틀림없다. 우리들은 그 험한 길을 거의 미끄러지듯 정말 '몸을 굴려서' 내려갔다. 다리에 힘이 생기자 다소 자신감을 가질 수 있게 되었다. 올라가는 것과 비교하면 확실히 짧은 시간에 수도원의 뒤쪽으로 내려왔다. 결국 2시간 15분만에 시나이 산 등산을 마치게 되었다. 시나이 산 등정은 보통

백성이 모두 저희 귀에 걸린 금고리를 떼어 아론에게 가져 왔다. 아론이 그들의 손에서 그것을 받아 수
송아지 신상을 부어 만들자 모두들 외쳤다. "이스라엘아, 이 신이 우리를 이집트에서 데려 내온 우리의
신이다."(출애굽기 32:4)

야간에 천천히 등정하고서 일출을 바라보고 하산하는데, 등산
속도를 판가름하자는 것은 정말 아니지만, 동료들 사이에선 최
단 시간임에 틀림없다.

시나이 산 등산을 끝내자 바로 수도원을 뒤로했다. 운전기사는
우리들이 정상까지 오른 것을 도저히 믿으려고 하지 않았지만
그다지 기분 나쁘지는 않았다. 상쾌한 피로감을 느끼면서 우리
는 오후 3시에 느웨바로 돌아왔다. 느웨바에서는 내 차를 타고
타바로 향했다. 시간이 꽤 늦었기 때문에 오늘밤은 타바 힐튼에
서 머무르기로 했다.

▲ 캐더린 수도원

시나이 반도는 1967년 제3차 중동전쟁에서 이스라엘이 이집트에게 빼앗은 지역으로 평화조약에 의해 1974년까지 순차적으로 반환되었지만, 타바만큼은 최후까지 이스라엘이 반환을 망설이던 지역이었다. 도시라고는 하지만 타바 지구에 있는 것은 타바 힐튼 호텔뿐이고, 타바자체가 힐튼 호텔이다. 그리고 힐튼 호텔만 있다고는 하지만 이스라엘은 타바의 반환을 망설였다. 지금은 이집트령이지만 타바는 엘라트에서 수 킬로미터의 거리이고, 매우 기묘한 입장에 처해 있다. 재미있는 것은 힐튼 호텔에서는 이스라엘이든 이집트든지 간에 시내통화요금으로 전화가 가능하다는 것이다.

고객들을 보면 대부분이 이스라엘인으로 밤에는 호텔내의 카지노가 엄청나게 붐빈다. 카지노 옆에는 환전용 은행이 24시간 열려 있고, 여기도 카지노로 향하는 사람들로 붐빈다. 그러고 보니 타바 국경검문소도 24시간 열려 있는데 그것도 카지노 손님의 편의 때문일지도 모른다. 호텔에서는 아랍계 손님도 간혹 보이지만, 대부분은 이스라엘계 아랍인이다. 카이로에서 이스라엘인으로 넘쳐나는 타바까지 일부러 올 이유는 없으리라. 하지만 역시 여기는 이집트이고 달러 사용도 가능하지만 요금표시 할 때의 통화는 이집트 파운드이고 호텔 매점에서는 이집트 신문밖에 살 수 없다.

야간에 호텔 전용 해변을 산보하는데 왼쪽으로 엘라트의 불빛과 함께 정면에는 요르단의 도시 아카바의 불빛이 보인다. 그리고 정면에 보이는 해안의 오른쪽은 아마도 사우디아라비아일 것이다. 그리고 내가 있는 이 곳은 이집트의 시나이 반도다.

다음날 아침 타바에서 이스라엘로의 입국수속을 밟고 있는데 이스라엘 여자 두 명이 나에게 말을 건네 왔다. 차를 태워달라는 것이었다. 도중에 관광하면서 돌아가는 것이기 때문에 텔아비브에 도착하는 것은 저녁 무렵이 될 것 같다고 하자 상관없다고 해서 동승하게 되었다. 들어보니 두 사람은 각각 폴란드계, 모로코계라 한다. 가히 이민국가 이스라엘을 상징하는 인종 조합이다. 두 사람 모두 예루살렘 출생이지만 지금은 하이파 대학에서 심리학을 공부하고 있다고 한다. 여름방학이라 여행하는 중이고 느웨바에서는 도로에서 보았던 방갈로에 묵었다고 한다.

이스라엘에 재입국한 후, 엘라트는 그냥 지나쳐서 90번 도로를 타고 북쪽으로 향했다. 그리고 도중에 좌회전해서 바위산을 올라갔다. 네 명이나 태워서인지 차가 조금 괴로운 듯했다. 하지만 세 명의 동승자의 목숨을 책임지고 있는 드라이브이다. 황폐한 지형 한가운데를 달려 마지막으로 눈앞에 버티고 선 절벽을 올라간 정상이 미츠페라몬이다.

이스라엘의 그랜드캐니언이라고 불리는 미츠페라몬은 약 1억 년 전에 지각변동에 의해 생긴 크레타(분화구)이다. 500미터 높이의 절벽이 계속해서 수십킬로미터나 이어진다. 전망대에서 보면 절벽 높이가 몇센티미터로밖에 보이지 않아 실감이 나질 않는다. 이 주변에는 작은 야생 사슴이 많이 있다. 성서 시대에도 있었던 동물일지도 모른다.

▼ **엘라트의 야경**　건너편이 요르단의 도시 아카바의 야경이다.

미츠페라몬을 뒤로하고 브엘 세바로 향했다. 돌아가는 길에 텔아비브에 직행하지 않고, 두 사람을 예루살렘까지 바래다주었더니 한사람이 집에서 저녁을 대접한다기에 호의로 받아들이기로 했다. 가벼운 식사를 하면서 마음이 통해 종교나 평화 문제까지 여러 가지 이야기를 나누었다. 두 사람은 이스라엘의 보통사람으로 세속적인 종교관을 가지고 있고, 이스라엘이 경건한 유대교도의 나라라는 점을 부정하면서 국민의 대다수는 세속적이라는 것을 몇 번이나 강조했다. 또 예루살렘은 종교적 색채가 너무 짙기 때문에 대학을 하이파 쪽으로 간 것이라고 한다. 그 의미는 유럽의 일반적인 젊은 사람들과 다르지 않은 종교관으로, 그 부분에 대한 공감대를 가질 수 있었다. 단지 평화와 관련된 문제에 있어서는 시리아와 팔레스타인에 대해 잊기 어려운 공포심과 불신을 강하게 가지고 있어서, 그들은 점령당하고 있기에 저항하

는 것이며 점령지를 반환하면 평화는 당연히 올 것이라고 몇 번
이나 설명해도 대화는 빙빙 돌기만 했다.

3. 성령의 광야에 서다

네게브 국립공원 순회

한 여름의 어느 주말, 오랜만에 혼자서 유적을 둘러볼 겸 드라이브를 하기로 했다. 2년간 이스라엘의 국립공원을 전부 둘러보기로 목표를 세웠기 때문에 그것을 이루기 위해서는 남부 네게브 방면도 가보지 않으면 안 된다. 네게브에도 아부다트와 그 유적, 시브타 유적, 맘시트 유적, 아라드 유적 등, 가보지 않은 국립공원이 많다. 그러나 비교적 가까운 장소에 유적들이 모여 있다.

가자행(行)은 2번 도로를 타고 가다가 아슈도드 앞에서 40번 도로로 접어든다. 브엘 세바는 그냥 지나쳤다. 도시를 빠져나오자 바로 왼쪽에는 석교 위에 철로가 놓여진 멋진 다리가 보인다.

40번 도로를 타고 단숨에 남하했다. 먼저 세데 보켈 근처에 있

네게브 사막 전경 왼쪽 언덕 위에 이스라엘 초대 수상 벤 구리온의 묘소가 있다.

는 키브츠에 들려봤다. 높은 지역에 있는 이 키브츠 안에 이스라엘 건국에 공헌한 초대수상 벤 구리온의 묘소가 있고, 이것이 국립공원으로 되어 있다. 벤 구리온은 은퇴 후 이 사막으로 옮겨와 키브츠에서 여생을 보냈다. 묘소 자체는 공원처럼 잔디가 잘 정돈되어 있고, 전망이 아주 좋은 훌륭한 장소이지만, 세속의 사욕을 버리고 사람이 드문 곳에 사는 초대 수상이야말로 진정한 히브리인일 것이다. 그는 대도시에서 정치나 사욕, 향락에 정신이 팔린 것이 아니라 사막에서 유랑생활을 했던 고대 히브리인과 같은 청렴한 천막생활이라는 민족의 원점으로 회귀하려고 했을지도 모른다. 키브츠 안에는 벤 구리온 기념관이 있었지만, 너무 이른 시간이었는지 아직 개관한 것 같지 않았다.

이곳에서 계곡 쪽으로 비탈길을 내려갔다. 건너편 바위산 어딘

가에 아부다트 샘물이 있을 것이다. 걱정하는 것보다 아이를 낳
는 것이 쉽다는 속담처럼 그 도로를 계속 달려가니 샘물이 있는
곳으로 연결되었다. 차를 세워 바위산 사이에 있는 평탄한 비탈
길을 올라갔다. 그러자 양쪽으로 우뚝 솟아 있는 절벽 사이로 아
주 깨끗한 물이 가득 찬 연못이 있었다. 이 주변만큼은 수목이
무성해서 바위산 속의 오아시스라고 하는 곳이다. 바위산을 올
려다보면 그 위로 새파란 하늘이 펼쳐져 있고 샘 주변은 그늘져
있어 아주 시원했다. 가족과 하이킹하기에는 최적의 장소이다.
오늘은 다른 예정으로 꼭 차 있어 다음 곳으로 서둘러 갔다.

  지도상에는 바로 옆에 아부다트 유적도 있었다. 차로 몇 분 정
도 가자 유적이 보였다. 기원전 4세기 나바티아인에 의해 만들
어진 도시로 아라비아 반도에서 팔레스타인에 이르는 길목에 위
치해 대상(隊商)도시로서 발전했다. 도대체 아라비아 반도에서
무엇을 운반했을까. 그것은 주로 향료와 유향이었다. 아라비아

반도 남단에서 얻어지는 유향이라는 수지를 사막을 넘어 끝없이
이어지는 대상행렬이 운반했다는 것이 놀랍지만, 사실 유향을
태우면, 은은한 향기가 나서 당시의 종교의식에서는 필수품이었
다. 당시는 금과 똑같은 가치가 있었다고 한다. 이집트의 파라오
와 로마의 네로 황제가 경쟁하듯 유향을 손에 넣었다는 것은 잘
알려진 사실이다. 유향의 생산지인 시바(성서:세바)의 여왕이
이스라엘의 솔로몬 왕을 방문한 일은 잘 알려져 있지만 이것은

▼ 아부다트의 일몰

유향에 관한 통상협정체결을 위한 방문이었다고 생각되어진다. 그 때 시바의 여왕은 솔로몬 왕에게 '지금까지 보지 못했던 양의 금과 유향을' 바쳤다. 유향은 아라비아 반도 남단에서 서안을 북상하는 루트를 타고 현재의 마리브, 사누아, 메카, 메디나, 페트라 등을 경유해서 솔로몬 왕의 영토 팔레스타인의 가자까지 운반되어졌다고 한다.

아부다트 도시 자체는 로마 시대를 거쳐 비잔틴 시대에도 계속해서 번영했지만, 서기 636년 아랍에 의해 정복된 이후 점차 쇠퇴했다. 비교적 오랫동안 번영했던 도시였기 때문에 유적도 원형을 잘 보존하고 있어 매우 훌륭한 유적이다. 로마와 비잔틴 양대 문화 속에서 성장했기 때문에 교회, 로마식 거주지, 로마식 목욕탕 등 로마의 잔재가 많이 남아 있다.

벤 구리온 묘소, 아부다트 샘과 유적이라는 3개의 국립공원을 본 후 차를 돌려 211번 도로를 타고 이집트 국경의 닛차나로 향했

다. 가는 도중 시브타라는 국립공원이 있어서 그곳에도 들려 보
았다. 간선 211번 도로에서 오른쪽으로 빠져서 흰모래에 파묻힐
것 같은 길을 달렸다. 도중에 비포장인 작은 도로가 나오는데 계
속 가다보면 막다른 길에 유적이 나타난다. 시브타 유적을 보고
순간 나는 내 눈을 의심했다. 사막 한 가운데 하나의 거대한 도
시를 형성하고 있고 복원되지 않았어도 원래 도시의 모습이 느
껴질 정도로 원형을 유지하고 있었다.

　요르단의 페트라 유적과 조금 전에 말했던 아부다트는 동일한
나바티아인(고대 아랍의 한 종족으로 한때 아라비아 반도 내륙에서
해안에 이르는 대상무역을 독차지 하면서 크게 번성하기도 했다)의 유
적으로서 아라비아 반도에서 팔레스타인 방면으로 향하는 길목
의 대상도시로서 성립되었다. 이러한 대상로에 위치한 시브타는
그 후 로마, 비잔틴 시대에도 번영하였고, 아랍에 의해 정복된
후에도 900년경까지 도시로서의 기능을 하고 있었다. 그 후 붕
괴되었다고 하지만 그 규모에 나는 압도되었다. 비교적 최근까
지 번영했기 때문에 단순히 바위가 데굴데굴 굴러다니는 다른
유적과 달리 예전의 모습을 짐작케 하는 유적이 남아 있는지도
모른다. 교회와 주거지는 거의 원형 그대로 남아 있었다. 그런데
왜 여기까지 오는 도로는 포장도 제대로 안 돼 있고 국립공원 매
표소마저 없는지 그 이유를 모르겠다. 당연히 화장실도 없지만
안내소조차 없다. 나 이외의 관광객도 없고, 들개들만이 집을
지키고 있는 듯했다. 도대체 이 유적은 어째서 이렇게 방치되어
지는 것일까. 유대민족사에 있어 유용하지 않은 유적은 발굴과
관리에 그다지 신경을 쓰지 않는지 의아하게 여겨졌다. 어쨌든

당당한 대도시의 유적이고, 지금까지 이스라엘에서 방문한 곳 중에 감동적인 유적의 하나였다.

맘시트와 텔아랏

　다음엔 원자력시설로 유명한 디모나 방면으로 향했다. 그리고 조금 더 가면 맘시트라는 유적이 있다. 25번 도로를 타고 디모나를 지나가면, 곧바로 오른쪽 위에 이상한 건물이 보인다. 바위산과 하나가 된 것 같은 건물들이 있다. 이상하다고 생각했었는데 아니나 다를까 맘시트의 관광안내판이 세워져 있었다. 우회전해서 산 위의 유적으로 향했다. 이 유적은 매우 잘 정리되어진 유적으로 안내소, 매점 등이 완비되어있다. 완비되어진 것은 이런 시설뿐만 아니라 꽤 큰 규모의 유적 자체도 복원이 잘 되어 있었다. 여기도 나바티아인의 유적으로 그 후 로마, 비잔틴의 시대에도 번성하였던 곳이다. 636년 이슬람 수중에 떨어져 그 후 방치

▲ 맘시트의 유적

▲ 아라드에서
발견된 항아리

되었다. 로마, 비잔틴의 지배하에 있던 것을 나타내주듯이 로마식 목욕탕과 교회가 있었고 모자이크 바닥이 남아 있었다. 시브타 유적이 방치된 것과 비교해 보면 아무래도 유적을 관리하는데 있어 형평성에 문제가 있는 것 같다. 이곳은 복원이 너무 잘 되어 있어 오히려 유적에 대한 고풍스러운 느낌이 떨어질 정도이다.

내친김에 마지막으로 국립공원인 아라드 유적을 보러가자. 디모나를 넘어 서쪽으로 가서 80번 도로를 탔다. 80번 도로와 31번 도로가 만나는 곳에서 전방 왼쪽 산정에 유적 같은 것이 보이기 시작했다. 31번 도로를 그대로 횡단해서 조금 앞쪽으로 가니 유적지가 있었다. 안내서에 의하면 유적은 산 정상부분과 기슭 두 군데 있으며 기슭 쪽은 기원전 30세기경 이후의 것이고 산정의 쪽은 기원전 10세기 이후 솔로몬이 요새 도시로서 정비를 하고 신전도 갖추어졌다고 한다. 게다가 신전이 예루살렘의 제1신전과 같은 구조로 만들어졌다는 것이 명백히 밝혀졌다. 산정까지 차로 가도 좋다고 하기에 가파른 비탈길을 차로 올라가 산정 가까운 부분에 주차했다. 여기에는 여러 건물 유적의 폐허가 산재하는 것이 아니라 예루살렘 신전의 언덕과 같은 것이 듬직하게 자리잡고 있는 유적이다. 복원하고 있는 중인지 완벽한 모양

▲ 아라드, 가까운 쪽으로 보이는 것이 청동기 시대(기원전 30세기)의 가나안인의 도시 유적이다.

을 한 벽면과 문, 게다가 탑과 거리가 재현되고 있었다. 신전이
있었던 부분은 북서쪽의 끝자락이다. 이스라엘은 자연 환경이
좋은 유적에는 충분한 복원사업비를 지원하고 있다는 내 자신만
의 추측이 여기서는 잘 맞아떨어진 듯한 느낌이다. 어쨌든 여기
는 솔로몬 왕이 축성한 유적이다. 유적 자체를 손보는 것은 좋지
만 유적 입구 근처에 금속판으로 만든 동물 작품을 진열해 놓고
있는 것은 어린이들을 유혹하기 위해 만들어 놓은 것 같은 기분
이 들어 납득하기가 어렵다.

　오늘 하루만에, 네게브에 있는 여섯 곳의 국립공원을 모두 방
문했다. 모든 것이 잘 되어 기분이 좋다. 31번, 40번 도로를 바꿔
타면서 텔아비브로 돌아왔다.

네게브의 요충지 브엘 세바

네게브 사막 방면으로 드라이브갈 때마다 브엘 세바라는 도시를 통과하지만 그다지 흥미를 끄는 도시는 아니다. 그러나 역사적으로 유대인에게 중요한 도시로 『성서』에서 가나안 땅이란 브엘 세바에서 북쪽의 단까지의 지역을 가리킨다. 그리고 무엇보다 아브라함, 이삭, 야곱과 유대인의 조상들이 살던 땅이다. 또 나이를 먹은 이삭의 부탁으로 장남 에사오가 사슴 사냥을 나갔을 때, 어머니 리브가의 계략으로 차남 야곱에게 형 에사오의 흉내를 내게 해서 산양 고기로 대신한 요리를 가지고 이삭을 속여 야곱에게 후계자의 축복을 내린 이야기는 이곳 브엘 세바에서 일어난 일이라고 생각된다.(창세기 27장)

브엘 세바에는 교외에 텔 브엘 세바라는 유적이 있고 주변에 벧그브린이라는 국립공원도 있기 때문에 한 번은 그 주변도 돌아볼 필요가 있다고 생각해서 어느 날 혼자서 드라이브를 떠났다.

브엘 세바에서 가장 유명한 것은 '아브라함의 우물' 이란 곳인

▼ 브엘 세바의
유적지

데 시내에 들어가도 나로서는 그 장소를 알 수 없었다. 몇 번이나 길을 물어보고 나서 겨우 구시가지 안에 있는 우물에 도착했다. 아브라함의 우물이라고 하지만 관광안내소 겸 토산물판매장 건물 뒤쪽 정원의 중앙에, 문자 그대로 우물이 있었다. 주변은 철도 레일을 이용한 장식물이 있었다. 관광지 같지 않아서 갑자기 맥이 풀려버렸다. 손에 대추야자열매를 들고 파는 상냥한 할머니가 동양인이 신기했는지 계속해서 말을 걸어왔다. 여기는 조상 아브라함이 이 근처에 살고 있던 블레셋인과 전쟁을 하지 않을 것을 서로 맹세한 장소로 브엘 세바라는 것은 히브리어로 문자 그대로 '맹세의 우물' 을 의미한다. 그러나 아무래도 그런 창세기 이야기에 어울리지 않는 가벼운 분위기가 감돈다.

브엘 세바는 네게브 지방의 중심도시이며 옛날부터 교통의 요충지로 교외에는 텔 브엘 세바라고 하는 유적도 있다. 그리고 '아브라함의 우물' 은 이곳에 있다고 하기도 한다. 이스라엘로서는 아주 중요한 유적이므로 깔끔하게 복원해서 관광객에게 개방하고 있다. 특히 눈길을 끄는 것은 훌륭한 성벽과 성문이다. 유적은 기원전 4천 년 이후 각 시대 생활상의 흔적이 남아 있다. 다윗, 솔로몬의 통일왕조 이후 유다왕 히제키아가 도시를 새롭게 단장했지만 기원전 701년에는 앗시리아에 의해 파괴되고, 페르시아 시대에 재건되었다. 그리스 시대에는 교회가 세워지고 헤로데 왕 시대에는 큰 성이 만들어졌다. 로마 비잔틴 시대에는 도시 중심부가 현재 도시의 서쪽으로 이동했다. 그 후 오스만 투르크가 1900년 지역 행정 센터로서 부흥시키기까지 도시는 예스러운 아취가 있었다. 제1차 세계대전중에는 터어키의 군사거점으로서 요새화 되었지만 1917년 뉴질랜드와 오스트레일리아의 기병대에 의해 해방되었다. 이 유적은 과연 지역의 역사를 몸으로 말해주고 있다고 하겠다.

남유다 왕국의 유적 라기스

돌아오는 길에 시간적인 여유가 있어서 텔아비브로 직행하지 않고 키리야트 가트 방면으로 향하는 40번 도로를 타고 북상하다가 35번 도로가 나오자 동쪽방향으로 35번 도로를 탔다. 지중해 해안선을 따라 평원이 유다 구릉지로 이어져 있는 국가라고 생각하기 어려울 정도로 그 풍광이 참으로 웅대했다. 중간 지점에서 우회전하여 조금 더 가자 갑자기 눈앞에 벽처럼 우뚝 선 텔(구릉 유적지)이 나타났다. 나는 그 위용에 놀라 핸들을 놓칠 뻔했다. 등 뒤에서 바람이 일 정도로 텔 바로 밑까지 단숨에 달려갔다. 라기스라는 유적이었다. 가이드북에 의하면 북왕국을 멸망시킨 앗시리아는 남왕국에도 그 마수를 뻗쳐 우선 라기스를 함락시킨 후(기원전 701년)에 예루살렘을 함락시키려고 했지만 실패했다고 한다.

경사면을 올라가 성문 비슷한 것을 지나자 정상부분에 도착했다. 중심부분에는 장방형의 주춧돌이 있는데 이곳은 신전이나 궁전터였다. 이곳은 지금까지 들어보지도 못한 유적이었지만 실제로 보니 거대했다. 그럼에도 국립공원으로 지정되지 않았다. 정상에 서서 거대한 유적과 훌륭한 주위 성벽을 보았다. 전

▼ 라기스 유적지 전경

성기 때 라기스가 어느 정도 번성하고 있던 도시였는지 실감하게 되니 가슴속에서 터져나오는 흥분을 억누를 수가 없었다. 현재의 지명도와는 관계없이 당시 이 지역의 모습을 상상해 보니 지금까지 상상해 보지도 못한 상황이 펼쳐지는 듯한 느낌이었다. 남북왕조 당시 상황에서 도시의 규모를 비교해 보면 라기스가 예루살렘이나 헤브론에 견주어도 손색이 없을 정도여서, 그 중요성을 재평가하게 한다.

라기스는 솔로몬의 아들 르호보암에 의해 기원전 10세기에 세워졌다. 당시 남북분열의 고통을 받고 있던 남유다 왕국은 이집트의 파라오 시샤크의 공격을 받기 시작해 라기스 요새를 만들었다. 그러나 라기스는 기원전 701년 북방의 앗시리아에 의해 함락되었다. 북이스라엘 왕국을 정복한 앗시리아왕 세나케리브

는 라기스를 점령한 후 사신을 예루살렘에 보내 집요하게 유다
왕 히제키야에게 투항할 것을 요구했다. 유다왕도 예루살렘 신
전과 보물창고에 있던 금, 은, 보석을 모두 꺼내 라기스에 보내
회유를 계속했다. 이렇게 유다왕이 시간을 벌고 있는데 어느 날
밤 갑자기 앗시리아군이 라기스에서 철군하여 버렸다. 앗시리
아가 바빌로니아로부터 압력을 받기 시작했기 때문이다.

◀ 바빌로니아의
라기스 공략에 저항하는
유다 왕국의 투석병

　　수많은 우여곡절 끝에 남유다 왕국은 북왕국보다 훨씬 오랫동
안 지탱했지만 결국 기원전 587년 예루살렘과 라기스는 함락되
어 유다 왕국의 마지막왕 시드기아는 바빌로니아의 느부갓네살
왕에게 굴복 당하고 바빌론 유수라는 굴욕을 당한다.

　　라기스에서 많은 감동을 받아서 예루살렘으로 가는 길 중간에
있는 또 한곳의 유적지를 보기로 했다. 15분 정도의 거리로 똑
같은 도로를 타고 가다보면 길옆에 목적지가 보인다. 벧그브린
이라는 국립공원이다. 차를 주차한 후 바위를 파서 만든 길을 걸
어가자 갑자기 거대한 동굴이 눈앞에 나타났다. 영화를 좋아하
는 나는 무심결에 벤허의 동굴이라고 소리 쳤다. 감옥에서 불치

▲ 네게브 사막의 키브츠 에레시에서 발견된 그리핀 모습을 한 여신 네메시스

118　제1부 약속의 땅 가나안

의 병을 얻은 어머니와 여동생이 끌려온 죽음의 계곡의 무대가 된 장소임에 틀림이 없다. 이 나라는 사적지가 넘쳐날 뿐만 아니라 작은 나라임에도 불구하고 자연 지리적인 명소도 의외로 많이 있다. 정확하게 말하면 벨케이브라고 불리는 이 동굴은 자연적으로 생긴 것이 아니라, 천장에 작은 구멍이 뚫려 있는 것으로 미루어 짐작건대 이것은 지상에서 구멍을 파고 돌을 캐기 위해 계속 파내려간 결과 생긴 동굴이다. 주로 건설용으로 채석이 이루어졌으며 7세기에서 10세기에 걸쳐 기독교도들이 작업에 종사하면서 만들어진 것이다.

제 2 부
분노의 땅 팔레스타인

1. 우리도 이 땅에 조상을 묻었다

서안, 가자 지역의 성장

중동문제에 그다지 관심이 없는 사람이 서안, 가자 지역이라는 말을 듣고 지도를 보다가 서안이 가자와 이스라엘 동쪽에 위치한 것을 보고 당황한다. 서안은 '요르단 강 서안'을 가리키는 말이다. 따라서 당연히 반대쪽 요르단 쪽은 '요르단 강 동안'이라고 한다.

선입견과 현실의 괴리감은 서안 자체만을 두고도 말할 수 있다. 나무가 거의 없고 산이 많은 서안을 자동차로 달리고 있으면 경사면에 있는 아랍식 마을이 의외로 아름답다. 하지만 분쟁지역이라는 인상과 함께 수목에 익숙해 있는 사람들의 눈에는 이곳이 너무나 불모지처럼 보인다. 사실 문화적, 역사적으로 서안 지역은 불모의 땅이 전혀 아니다. 오히려 이만큼 풍부한 문화를

▲ 히잡을 쓴 아랍 여인들

가지고 있는 지역을 찾기 어려울 정도이다. 현실적으로도 서안
은 요르단 계곡과 함께 수자원의 보고이다. 이스라엘이 서안 점
령에 많은 신경을 쓰고 있는 주요한 이유 중 하나는 수자원 확보
때문이다. 팔레스타인 전문가들은 서안만으로도 난민이나 국외
거주자를 포함한 600만 팔레스타인이 충분히 살 수 있다고 생각
할 정도이다.

서안의 지세는 남쪽에서 헤브론, 베들레헴, 예루살렘, 라맛라
근처까지는 해발 1,000미터에 가까운 고원 지대이지만 북쪽의
나불루스에서는 높이가 많이 낮아진다. 북단에 가까운 제닌 주
변은 이스라엘 하이파 방면에서 계속되는 에즐레 평원에 위치하
며 완만한 평원이 이어진 농업 지대이다. 단지 서안의 동쪽, 즉
요르단 쪽은 사해와 요르단 강을 향해 갑자기 바다보다 낮은 지

역이 된다.

가자와 비교하면 서안은 세련된 지역이라는 인상이 강하다. 대체로 팔레스타인 사람은 아랍에서는 지적인 일을 한다는 평판을 받고 있으며 아랍 국가들로 교사, 기술자 등을 보내고 있다. 특히 서안은 히잡으로 얼굴을 가린 여인도 그다지 많지 않아 일반적으로 자유로운 분위기이다. 사람들의 얼굴도 금발의 서양인과 같은 모습을 가진 사람도 있어 전형적인 아랍과는 동떨어진 느낌이다. 고원 지대는 여름이라도 아침저녁으로 서늘하고 사람들은 스웨터나 자켓 등을 걸치고 다니는데 꽤 세련된 느낌을 받는다. 특히 기독교인이 많은 베들레헴이나 라맛라 등의 도시는 그러한 경향이 강하다. 대도시 나블루스에서는 정장차림의 비즈니스맨 모습도 보이고 중심가 도로는 차들로 북적이며 도시는 활기에 넘쳐흐른다.

지방인 가자는 한마디로 서안보다는 아랍적인 인상이 농후하다. 거리를 보더라도 낡은 푸조, 피아트 등의 자동차가 눈에 많이 뜨인다. 게다가 당나귀가 달구지를 끌고 가고 있는 것을 보고 있노라면 이집트에 와 있는 것 같은 착각에 빠질 정도다. 아닌게 아니라 역사적으로 보면 1967년 이스라엘이 이곳을 점령하기 이전까지는 이집트의 행정구역이었다. 거리의 여성들은 대부분 히잡을 쓰고 있어 여자들이 얼굴을 보이는 경우는 거의 없다. 그런데 가자 사람에게 들으니 이런 모습은 이슬람 원리주의 조직인 하마스 세력이 강력해진 최근의 현상이며 원래는 이렇지 않았다고 한다. 대학에서도 여학생은 모두 히잡을 착용하고 있다. 이집트나 터키와 같이 부지런히 서구화를 진행해온 이슬람 국가들 사이에서도 서구화에 반대하는 운동이 일어나고 있다. 특히 최근에는 이슬람 회귀 운동이 두드러지게 나타나고 있는데 젊은 여성들이 히잡을 착용한 모습을 그 예로 들 수 있다. 하지만 이것을 일개 과거로의 회귀로만 보지 않는 측면도 있다. 여성이 불특정 다수의 남성들이 있는 장소에 혼자 나가기 어려운 이슬람 사회에서도 히잡을 쓰면 그것이 가능하기 때문이다. 그런 면에서 히잡은 이슬람 사회에서 여성의 사회진출에 많은 공헌을 하고 있었기 때문이다.

가자라고 하면 일반적으로 난민이나 빈곤, 그리고 테러의 소굴이란 인상이 항상 따라다닌다. 정착지 주변을 제외하고 이스라엘군도 철수해 있기 때문에 정착민을 빼면 가자에 들어가는 이스라엘인은 거의 없다. 그러나 예전 점령 시대에는 많은 이스라엘인이 가자에 장을 보러 들어가기도 했고 가자의 주민들도 이스라엘에 놀러오곤 했었다. 지금의 가자는 육지의 외로운 섬, 거대한 감옥과 같이 되어 VIP 대우를 받는 소수의 사람과 노동허가를 가지고 있는 노동자 이외에는 이스라엘에 갈 수가 없다. 게다가 이스라엘에 들어왔어도 저녁까지 가자로 돌아가지 않으면 안 된다. 외박은 허용되지 않는다. 이렇게 억압받고 있는 가자이므로 항상 반이스라엘 감정이 소용돌이처럼 휘돌고 있다. 그러나 이미 이스라엘군이 철수하고 일상적인 마찰은 사라졌기 때문에 원주민의 표정은 매우 밝다. 특히 난민이 아닌 원래의 주민이고 자신의 집과 일을 가지고 있는 사람이라면 그다지 이스라엘을 증오할 이유도 없다.

지형적으로 가자는 지중해 연안에 자리잡고 있어 풍부한 햇살을 받고 있다. 남북으로 아름다운 해안선이 있고 좁고 긴 띠 모양의 땅이라지만 남부로 가면 광대한 농지가 펼쳐져 있다. 정치적인 이미지와는 달리 매우 풍요로운 땅이다. 지금은 운행되지 않고 철거되었지만 예전에는 카이로와 하이파를 잇는 철도가 가자를 지나고 있었다. 이집트, 이스라엘 그리고 팔레스타인 자치정부 사이에 철도를 재개하자는 계획이 있다. 만약 실현된다면 지중해를 바라보며 카이로에서 가자를 통과해 예루살렘까지 철도로 여행할 수 있을 것이다.

서안의 역사

가자에서는 이스라엘군이 철수하였고 서안에서도 이미 대도시는 치안 권한이 팔레스타인에 이양되어 자치지역이 확대되고 있다. 따라서 서안과 가자는 처음부터 팔레스타인 영토이고, 이스라엘이 건국되기 이전부터 이 지역 전체가 팔레스타인의 영토라고 생각할 수 있지만 고대로 거슬러 올라가면 그렇게 간단한 문제가 아니다.

서안 지역의 기존 관념에 사로잡히지 않고 이 지역을 깊이 이해하기 위해서는 현 정치지도, 즉 이스라엘 대 팔레스타인(서안, 가자)이라는 개념에서 떠나 역사를 되돌아볼 필요가 있다.

가나안 부족이 할거하고 있던 이 지역이 정치적으로 통일된 것은 유다의 사울 왕 시대부터이다. 그 후 다윗, 솔로몬 왕의 통일왕국을 거친 유다 왕국은 남북으로 분열됐다. 북부, 지금의 사마리아, 갈릴리 지방에 북이스라엘 왕국이, 남부 유다 지방에 남유다 왕국이 세워졌다. 그 후 북이스라엘 왕국은 앗시리아에 멸망

당하고 백성들은 앗시리아에 포로로 잡혀갔다. 동시에 앗시리아 각지의 피정복민인 이민족이 다수 유입되어 그들이 잔류 이스라엘인과 혼혈되어 사마리아인이 되었다. 뒤이어 남유다 왕국도 시드기아 왕을 끝으로 바빌로니아의 느부갓네살 왕에게 멸망당해 남유다인들은 유명한 바빌론 유수의 쓰라린 경험을 하게 된다. 페르시아 지배 시대가 되어 바빌로니아에서 귀환한 남유다인은 예루살렘 신전을 재건하고 새로운 유대교단을 세운다. 그 결과 북부의 사마리아인은 유대교단에서 떨어져 독자적인 노선을 걷게 된다.

▲ 바빌로니아에 끌려간 유대 민족

　그후 새로운 지배자인 로마에 대해서 예루살렘을 중심으로 한
유다 지방은 반항과 멸망을 반복한 끝에 유대 역사 전통이 단절
되는데 반해(2천 년에 걸친 방랑생활의 시작) 사마리아는 로마와
공존하고 그 후 기독교를 받아들여 독자적인 역사 전통을 키워간
다. 후에 이슬람화의 세례를 받으면서도 사마리아에는 원시 유대
교를 신봉하는 사마리아인과 기독교도들이 많이 남아 있었다.

　이 지역 역사의 일부분, 특히 남부 유다와 북부 사마리아의 역
사적 대립 관계를 알면 2천 년에 걸친 방랑생활에서 귀환한 유
대인이 예루살렘과 헤브론 탈환에 불타올라 팔레스타인인을 억

▲ 유다 왕국의 마지막 왕 시드기아

압하는 현재의 구도와 배경이 보인다. 유대인측에서 보면 서안 지역이야말로 일찍이 유대인이 그 역사를 주도해 나갔던 곳이다. 유대인들이 민족의 순결을 지켜온 민족임을 내세우는데 반해, 팔레스타인인들은 자신들이야 말로 유대족이 떠난 후 계속해서 사마리아를 포함한 이 지역 전체의 주인공이었다고 주장한다. 또한 민족의 순결 문제를 말한다면 유대인에게도 혈통의 순결은 없었다고 반박한다.

결국 유대인이 그 역사를 이루어 온 유다, 사마리아 지방은 곧 예루살렘을 포함한 서안, 즉 현 정치지도에서 일컫는 팔레스타인에 국한된다. 유대인의 옛 역사를 생각할 때 팔레스타인 땅을 더듬어 보지 않을 수 없고, 또한 팔레스타인 민족의 역사를 생각할 때도 역시 유다의 백성이 그 땅에 정착했던 과거를 외면할 수 없다.

아이러니의 도시 헤브론

이러한 유대와 아랍의 교착된 역사를 상징하는 것이 헤브론일 것이다. 유대와 아랍 공통의 시조 아브라함(아랍식으로는 이브라힘)은 헤브론 교외에서 살고 있을 때 아내 사라를 여읜다. 아브라함은 헤브론 주민에게 은 400세겔을 주고 밭을 사서 아내를 매장했다. 그 장소가 지금 헤브론 시내 중심부에 있는 막벨라 동굴(이브라힘 모스크)이다. 아브라함 자신도 여기에 매장되었고 그 후 이삭, 야곱의 매장 장소이기도 하다. 때문에 팔레스타인 시내 중앙에 있으면서도 이렇듯 유대인에게 매우 중요한 성지가 되었

◀ 사라의 장례
아브라함은 에브론의 말을 받아들여 그가 다른 헷 사람들이 듣는 데서 말한 은 사백 세겔을 당시 상인들 사이에 통용되던 무게로 달아 실었다. 이리하여 마므레 동쪽 막벨라에 있는 에브론의 밭은 거기에 딸린 동굴과 사방 언저리에 있는 모든 나무와 함께 성문에 모인 헷 사람들이 지켜보는 앞에서 아브라함의 땅이 되었다. 그제야 아브라함은 아내 사라를 막벨라에 있는 밭에 딸린 동굴에 안장하였다.
(창세기 24:16~19)

다. 종교면에서 유대와 이슬람이 뒤섞이게 된 연유는 이미 소개
했지만 유대와 아랍 민족의 관계로서 다시 한 번 반복하기로 하
자. 유대와 아랍의 공통 시조인 메소포타미아 출신의 아브라함
자신은 시리아쪽 아랍인 친족을 두었다. 아내 사라가 낳은 아들
이삭을 통해 히브리인의 조상이 되고 이집트 출생의 하갈(구약에
서는 하녀로 되어 있다)이 낳은 이스마엘을 통해 아랍인의 조상이
되었다. 게다가 이삭이 히브리인의 조상이라고 하지만 처 리베
카는 아랍인이었다. 쌍둥이 아들 중 형 에사오는 외국인인 힛타
이트 여인을 아내로 삼고, 동생 야곱의 신부로는 어머니의 의향
에 따라 외삼촌 라반의 딸(사촌이므로 아람인)을 아내로 삼았다.
여기서 아람인은 히브리인과 같은 북서 셈어족의 유목민으로
'제 선조는 떠돌며 사는 아람인이었습니다'(신명기 26: 5)라고
할 정도로 히브리인은 아람인을 이방인 취급을 하지 않았었다.

이민족간의 결혼이 일반적으로 행해졌던 당시와 같이 히브리인과 비히브리인 사이에서는 혼혈이 이루어지고 있어서 혈통이 지금의 유대와 아랍을 서로 갈라놓는 것은 아니다.

막벨라 동굴은 현재 유대교와 이슬람교가 예배하는 장소를 엄중히 구별하고 있다. 덧붙여 말하면 이슬람측의 예배소 입구는 모스크 왼쪽 옆 경사를 올라가면 모스크 뒤쪽의 조금 높은 곳에 위치하고 있다. 이 건물의 기초는 헤로데 왕이 건설했으며, 헤로데가 건설한 건물 중에서 유일하게 원형에 가까운 형태가 남아 있는 것이라고 한다. 건물 주변은 치안이 매우 불안해서 주변 가옥과 상점가는 폐쇄되어 한산한 가운데 병사들의 모습만 눈에 띄는 묘한 긴장감이 감도는 곳이다. 예전의 이 지역은 이스라엘, 팔레스타인 경계부분 이외는 별다른 문제가 없었다고 한다. 동예루살렘과 더불어 양 민족의 접점이 되는 곳이 바로 이곳 헤브론이다. 그 중에서도 헤브론 쪽이 항상 묘한 긴장감에 싸여 있다.

아브라함 시대 이후 헤브론과 인연이 있는 인물은 바로 다윗이다. 다윗은 베들레헴에서 양치기를 하다가 머리에 왕의 표징인

올리브 기름을 받았다고 한다. 헤브론을 기반으로해서 이스라엘의 왕이 되었고 그 후 예루살렘을 점령하여 그곳에 수도를 세웠다. 이리하여 아브라함, 이삭, 야곱, 게다가 다윗 왕까지 유대 측이 가장 중요하다고 생각하는 조상들이 헤브론과 깊은 인연을 맺게 되었다. 남유다 왕국의 후예임을 표방하는 유대인이 예루살렘에 이어 성지로서 헤브론을 신성시하고 있는 것은 이러한 이유 때문이다.

문제는 그곳이 유대인에게 역사상 중요한 땅이지만 방랑의 세월 속에 완전히 아랍, 즉 팔레스타인 땅이 되어버렸다는 사실이다. 헤브론은 현재 인구 10만을 넘는 도시이다. 그중 유대 인구는 약 5백 명의 종교적인 유대계 정착민들이다. 이 가운데는 유대종교학교 예시바 학생과 헤브론에 살기 위해 미국 등지에서 일부러 온 광신적인 유대교도 등이 있다. 1994년 2월 5일 라마단 기간중 유대계 미국인 정착민 골드슈타인이 이브라힘 모스크에서 아침예배 중인 약 8백 명의 팔레스타인 사람들의 등뒤에서 기관총을 난사하여 63명의 사망자와 270명의 부상자를 내는 악몽 같은 사건이 있었다. 정착민 중에는 광신적인 유대교도가 섞여 있어서 다수의 양심적인 이스라엘 국민들은 오히려 정착민들을 차가운 눈초리로 바라보고 있다. 그러나 실행범 골드슈타인을 영웅시하는 유대인들이 있는 것도 사실이다.

유대인 모두가 2천 년이나 방랑하고 있었던 것은 아니다. 계속 팔레스타인에 살고 있던 유대인들도 많이 있었다. 그들은 일상어로 이미 아랍어를 사용했다. 이런 토착 유대인들은 팔레스타인 사람들과 오랜 기간 공존하며 살아왔다. 예를 들면 그들은 이브라힘 모스크에서도 사이좋게 따로 예배를 드려왔다. 유대와 아랍간에 마찰이 발생한 것은 시오니즘에 의해 19세기 말 이후 유럽에서 유대인이 대거 이주해 오면서 생긴 새로운 현상이었다. 이러한 토착 유대인들은 정착촌에 들어오는 유대계 미국인 등은 이미 유대인이라고 볼 수 없다고 생각하고 있을 것이다. 이와 덧붙여 팔레스타인측의 정의(팔레스타인 민족헌장)에 의하면 시오니즘 이전부터 팔레스타인 땅에 살고 있는 유대인은 그 종교와 언어를 막론하고 팔레스타인 사람으로 보고 있다.

이스라엘의 주화파는 헤브론을 팔레스타인측에 반환해야 한다고 생각하고 있고, 반대로 평화신중파는 헤브론 사수를 표방하고 있다. 아이러니컬하게도 유대에게 가장 중요한 도시의 하나인 헤브론을 두고 유대의 존재에 대한 시비가 한층 심각하게 제기되고 있다.

가자와 필리스투

팔레스타인이라는 말이 지금의 가자와 아스켈론을 중심으로 하는 지역에서 나라를 세웠던 필리스투인(블레셋인)의 이름에서 유래한 것은 비교적 알려져 있다. 그러면 필리스투인은 어떠한 민족이었을까. 해양 민족이었다는 것, 히브리인에게 천적이었다는 것 이외에 그다지 많이 알려져 있지 않다. 어쨌든 필리스투인은 히브리인으로부터 성에 있던 언약궤(모세가 구약시대에 하느님에게 받은 십계명이 새겨진 2개로 된 돌판을 보관했던 나무상자)를 빼앗고 초대국왕 사울의목을 성벽에 매단 무리들이다.

이스라엘은 1990년대 필리스투인이 건설한 다섯 개의 도시

▲ 하프를 연주하는 다윗 왕

▲ 필리스투인

중 하나인 에크론을 대대적으로 발굴했다. 20세기에 들어서 처음으로 필리스투인의 토기가 발견되었을 때 에게해에서 수입된 것이리라 생각했다. 그만큼 그것은 에게해 지역의 것과 흡사했다. 하지만 그 성분을 화학적으로 분석해 보니 가나안 지방의 점토로 만들어졌다는 것이 나중에 판명되었다. 타지역은 나중에 앗시리아 제국의 지배하에 들어갔지만 에크론은 오히려 번영하고 있었다. 앗시리아는 그리스와 로마에 선행하는 제국이었고 강력한 군사력을 포함해 세 개의 강력한 무기가 제국을 지탱했다. 그것은 아람어를 바탕으로 한 국제어의 보급, 광대한 영토를 지배할 수 있는 건전한 행정조직, 그리고 은화의 도입이다. 이 팍스 앗시리아카(앗시리아의 평화) 기간에 메소포타미아에서 지중해 동부에 걸친 통상은 크게 번창했고 에크론은 올리브 기름 생산의 중심지가 되었다.

기원전 630년경 앗시리아는 동부 국경에서 바빌로니아의 위

▲ 유대교 회당 기둥에 세겨진 언약궤

협을 받기 시작했다. 앗시리아는 군대를 동부로 향하게 한 사이 에크론에서는 군사력의 공백이 발생해 이집트가 영향력을 미치기 시작했다. 에크론 궁전에서 발견된 금제 코브라, 풍뎅이상의 문장이나 부적, 게다가 이집트 여신상이 새겨진 상아 등은 이집트의 영향을 여실히 보여주고 있다. 그래서 바빌로니아가 침략해 오자 필리스투의 왕은 이집트 왕에게 원군을 요청했지만 원군이 오지 않았다. 결국 기원전 600년 전후에 걸쳐 필리스투의 도시뿐만 아니라 예루살렘까지 모두 파괴되고 말았다.

『성서』에서 필리스투인은 야만적이고 거친 이미지로 표현된다. 그러나 에크론 유적 발굴에서도 알 수 있듯이 필리스투인은 가나안 지역에 진보된 문화를 가지고 온 은인이며 주위의 문화를 관대하게 받아들여 가나안에서 잘 융화시켰다. 자신은 소멸했지만 필리스투는 가나안에서는 에게해 문화의 전달자 역할을 했다. 필리스투인의 중심적 지반이었던 가자 지역이 분쟁과 테러의 대명사와 같은 이미지를 지니고 있다는 것은 아이러니가 아닐 수 없다.

그러나 이런식으로 가자를 억지로 필리스투인과 연결시키려는 것은 그다지 근거가 없을지도 모른다. 애초부터 필리스투인은 스스로 주위에 동화되어 버렸고 그 후 기독교와 이슬람교의 세례를 받는 편이 이 지역에서 살아남을 수 있는 유일한 길이었다.

흡사 거대한 감옥과 같이 삼면이 울타리로 둘러싸여 있고, 그 안에서는 난민과 실업자로 우글대는 가자를 조금 깔보는 경향이 있다. 예루살렘인은 물론 외국인조차도 일부러 가자에 발을 들여놓기를 꺼려한다. 그러나 가자를 잘 아는 사람들이 보기에 가자는 본래 풍요롭고 아름다우며 살기 편한 곳이다. 고향에서 쫓겨난 아라파트 의장을 받아들인 가자는 현재 팔레스타인의 수도이며 팔레스타인의 운명을 쥐고 있는 곳이기도 하다. 일찍이 필리스투인과 같이 평화의 사자인 아라파트 의장이 팔레스타인 사람들과 완전히 융합되

◀ 올리브 기름을 생산하던 유적

고, 그 메시지가 진실로 이스라엘에게 전해진다면 팔레스타인에 평화로운 시대가 열릴지도 모른다.

가자를 걷다

기억하는 사람이 있을지 모르지만 1996년 1월 역사적인 팔레스타인 자치선거가 치루어졌다. 선거감시를 담당하고 있던 나는 가자 지구를 구석구석 걸어다닐 수 있었다.

어느 날 예루살렘에서 가자를 시찰하기 위해 갔다. 예루살렘에서 내리막길을 100킬로미터 이상의 속력으로 달렸다. 예루살렘은 해발 1,000미터 가까운 지대이지만 가자는 지중해 연안의 저지대이다. 팔레스타인의 영토인 서안과 가자는 이렇게 물리적으로 나누어져 있고 풍토나 기후도 많이 다르다. 산악 지대를 달

▼ 가자 지구에서 발견된 기원전 14~13세기 옹관

리는 1번 도로에서 3번 도로로 접어들어 아스켈론 방면으로 향한다. 아스켈론에서 가자는 엎어지면 코닿을 거리이다. 이윽고 엘레즈 검문소에 도착, 차에서 내린 후 도보로 검문소를 통과했다. 가자측에서 운전사 사이드와 비서 마하가 기다리고 있었기 때문이다. 자동차로 엘레즈에서 겨우 십여분 만에 가자 시내에 도착했다.

우선 시내에 있는 나폴레옹 성을 보러 갔다. 원래는 마물루크 왕조 시대(1250~1517)의 건물이었지만 나폴레옹이 북부 아코에서 패배한 뒤 카이로로 철수하기 전 며칠동안 머물렀던 곳으로 알려져 있다. 영국 위임통치기에 감옥으로 사용되었고 지금은 여학교로 사용되고 있다. 그 다음에는 가자에서 가장 높은 언덕으로 갔다. 정상에는 급수탑이 설치돼 있었고 가자 전경이 시원하게 시야에 들어왔다. 가자 지구라면 평평한 땅이라고 생각하기 쉬운데 의외로 고저의 차가 있었다. 그리고 무엇보다도 빈곤과 혼란의 가자라는 인상과는 달리 멀리서 보니 아름다운 시가지여서 감동을 받았다.

가자는 남북의 거리가 약 40킬로미터, 폭은 5~10킬로미터의 좁고 긴 지역이다. 큰 도시를 순서대로 들면 최남단이며 이집트 국경과 접한 라파하, 바로 북쪽에 인접한 가자 제2의 도시 유니스, 가자 중심부에 위치한 델엘바르 그리고 가자 시 북부의 자바리야 등이 있다. 우선 남단의 라파하까지 내려간 다음 북상하면서 가자를 시찰하기로 했다.

1994년 5월부터 잠정자치가 시작되고 이스라엘군은 이미 철수했다고 하지만 가자에는 아직 정착민 촌이 있다. 좁고 긴 가자에서 이집트와 가깝고 지중해 연안에 위치한 요지에 구슈카티프라는 광대한 정착민 촌이 있고 근처에 세련되고 멋진 해변 호텔도 있다. 그것 이외에도 몇 개의 작은 정착민 촌이 있다. 정착민 촌 주변에는 이스라엘군이 지키고 있고 정착민 촌에서 이스라엘로 통하는 지정 도로는 이스라엘군과 팔레스타인 경찰이 합동으로 순찰하고 있다.

가자라고 하면 난민 캠프라는 이미지가 항상 따라다닌다. 자세한 것은 잘 모르지만 난민 캠프는 원래 있던 마을에 인접해 기생하다가 생겨난 것이다. 따라서 일견 마을의 넓이가 두 배로 늘어난 것처럼 보인다. 라파하에서 북상하여 마을을 통과할 때 보니 난민 캠프가 있었다. 난민 캠프와 보통 마을과의 구별이 잘 되지 않는다면 농담처럼 들릴지 모르지만 사실이다. 어느 난민 캠프나 석조나 블록으로 집이 지어져 있어서 구별하기가 어려우며, 일반 마을도 그렇게 깨끗하지 않다. 그리고 난민 캠프라고 하지만 천막이나 막사로 만들어져 있는 것이 아니어서 한 번 봐서는 쉽게 알 수 없다.

마하는 키가 크고 이목구비가 뚜렷한 가자 여성이다. 정숙한 분위기이지만 이야기를 듣고 있으면 페미니스트 운동을 하고 있다는 것을 알 수 있다. 그 때문인지 가자에서는 드물게 히잡을 쓰지 않는다. 도중에 마하의 집을 잠시 들르게 되었는데 그곳은 난민 캠프였다. 블록을 엉성하게 쌓아 올린 2층집이었는데 반쪽이 몽땅 잘려 나간 듯한 느낌으로 계단이 노출되어 있었다. 마하에게 들으니 건축법위반이라는 이유로 이스라엘군이 부셔버렸다고 한다. 안에 들어가자 거실이 있었다. 거실이라고 하지만 그

것 이외에는 부엌과 화장실밖에 없어서 거실이 모든 것을 겸하고 있었다. 그러나 외견만으로는 상상할 수 없을 정도로 내부장식은 아름답게 꾸며져 있었으며 장식품으로 그녀의 취향을 알 수 있었다. 이 거실만이 유일하게 온 가족이 편히 쉴 수 있는 공간이다. 그녀의 남편과 인사를 했는데 오랜 기간 이스라엘에서 옥살이를 해서 아직도 건강이 좋지 않다고 한다. 영어가 통하지 않아서 마하의 엉성한 통역과 미소로 의사소통을 했다.

정치범으로 이스라엘에 붙잡혀 건강이 좋지 않은 사람과 새롭게 결혼해 가자 난민 캠프에 살며, 스스로 여성의 권리신장을 위해 몸을 아끼지 않고 활동하고 있는 마하의 용기 넘치는 결단과 행동에 숙연해질 따름이었다.

한편 운전기사인 사이드는 가자 시에서 조금 떨어진 남쪽 교외에 살고 있는데 가자 시에 도착하기 전에 자신의 집에도 들렀다 가자고 해서 가 보았다. 구불구불한 흙탕길을 지나자 조그만 정원이 있는 그의 집에 도착했다. 집 자체는 단층의 조그마한 집이었다. 정원에 플라스틱 의자를 꺼내 터키식 커피를 마셨다. 아마 이 주변의 토지는 조상 대대로 물려받았고, 근처의 집들에는 형제와 친척들이 사는 듯했다. 경제적으로 풍족하다고는 할 수 없지만 땅을 가지고 있는 그의 생활모습에서 이스라엘에 대한 반감은 조금도 느낄 수 없었다.

그의 이야기를 들어보니 예전에 이스라엘에서 일한 적이 몇 번 있었는데, 이스라엘 도시는 깨끗하고, 여러 가지 물건도 품질이 좋고, 게다가 여성들도 아름답다는 등 이스라엘을 칭찬했다. 급여도 많이 받았다고 했다. 가자에 사는 팔레스타인 사람이 어쩌

면 아무렇지 않은 듯이 이스라엘을 좋게 이야기하는가 생각해
봤다. 그러나 난민으로 생활하지 않는 사람들은 그다지 강한 반
이스라엘 감정을 가지고 있지 않아보였다. 그는 주위 사람들과
달리 예배시간에도 기도하지 않아서 내가 좀 별나다고 하자 "팔
레스타인 사람 모두가 종교를 갖고 있는 것은 아니다"라며 빙긋
웃었다. "난 이스라엘을 싫어하지도 않고 기도를 드리지도 않으
며 술도 즐겨 마신다"고 했다. 가자는 테러의 소굴이 아니고 그
중에는 이와 같은 사람도 있다.

　가자 시에 들어왔다. 도보로 시내에 있는 대학을 둘러보았다.
일반인은 가자를 피비린내 나는 곳으로 생각하지 문화적인 향기
가 감도는 곳이라고는 생각하지 않을 것이다. 그러나 현대사에
서 가혹한 운명을 짊어졌을 뿐 원래는 아름답고 문화적인 지역
이었다. 그 증거로 문화를 상징하는 대학이 훌륭하게 존재하고
있다. 바로 가자 아즈할 대학이다.

　대학 캠퍼스는 세계 어디를 가도 느낄 수 있는 분위기지만 아
랍 세계에서는 조금 다르다. 우선 남학생과 여학생이 따로 다니
며 여학생은 모두 히잡을 착용하고 있다. 그러나 외국인인 내가
들어가자 조금 신기한지 내 주위로 남녀학생이 몰려들어 영어로
여러 가지를 묻기 시작했다. 이야기를 해보니 역시 학생들은 호
기심도 많고 생각 또한 유연하다. 이야기가 빗나갔는지 모르지
만 가자의 청년들은 어디에서 기운이 나오는 것일까 나로서는
도저히 알 수 없었다. 학교에서도 여학생은 전원 히잡을 착용해
얼굴조차 볼 수 없다. 또한 결혼하기 전에는 데이트조차 할 수
없는 나라다. 거기에 남자들끼리도 술을 마실 수 없다. 드라이브

나 여행을 하고 싶어도 가자는 철조망으로 둘러싸여 있는 육지의 섬이다. 심한 폐쇄공포증이 있다면 정신적으로 위험할 정도로 폐쇄된 세계다.

시내의 해안도로를 타고서 가자항 건설 예정지와 아라파트 의장 사무실 앞을 지났다. 태양빛이 강렬한 지중해에 임한 산책 코스를 걸어보면 가자가 텔아비브와 같은 곳이 되리라 충분히 상상할 수 있다. 거리에는 고층 건물들이 늘어서 있다. 가자 시내 중심부의 평의회 건물 앞 광장 등, 외국에서 받은 지원으로 도로, 보도를 복구하고 공원을 재정비했기 때문에 팔레스타인 수도다운 면모를 보여주고 있다. 가자 시내를 빠져 나와 북쪽의 자바리야로 향했다.

자바리야는 가자에서도 인티파다(주민봉기)가 처음 시작된 곳이다. 운전기사 사이드가 봉기했던 장소를 가르쳐줬는데 그곳은 자바리야 경찰서 앞 도로였다. 그러나 그 장소에서 격심하게 일어났던 것은 아닌 것 같았다. 실제로는 순찰중인 이스라엘군 차량이 그 곳에서 팔레스타인인을 치게 되어 그것을 계기로 소동이 전개되었다고 한다.

소동을 일으킨 무리들도 자신들의 행동이 주민봉기로까지 발전이 되리라고는 생각조차 못했다고 한다. 당연히 주민봉기라는 단어도 나중에 붙여진 것이다. 하지만 그것을 계기로 지금까지는 비교적 평온하게 점령하에서 지내던 가자, 서안의 팔레스타인인들이 무기도 없이 맨손에 돌덩이를 쥐고 일어선 것이다. 그리고 완력으로는 도저히 억누를 수 없음을 깨닫게 된 이스라엘은 PLO와의 회담에서 팔레스타인 잠정자치를 인정하는 평화적

인 방향으로 일을 매듭지었다. 그럼에도 자바리야는 도로의 상
태가 안 좋아서 주민봉기를 기념해야만 하는 그 장소, 경찰서 앞
도로마저 파헤치고 있었다.

2. 슬픈 사마리아 사람들

가깝고도 먼 나불루스

이스라엘의 여름도 어느덧 중반으로 접어들고 텔아비브는 아침저녁으로 후덥지근한 6월 중순의 어느 토요일이었다. 직장 동료들과 팔레스타인지구의 서안(요르단강 서안)으로 들어가 나불루스 근교를 드라이브하기로 했다. 팔레스타인에 드라이브 간다고는 해도 속마음은 북이스라엘 왕국 시대의 유적을 둘러보고 싶었다. 북왕국 최후(네 번째)의 수도였던 사마리아에서 시작해서 세 번째의 수도 디르사를 방문하고 나서 최초의 수도 세겜을 본 후 그리심 산의 사마리아인 마을을 방문하는 것이 오늘 계획이다.

서안과 가자는 세계의 분쟁 지대의 대명사라는 이미지가 강하다. 베들레헴이나 사해 연안 등의 관광지를 제외하고 유대인들은 가자와 서안 지역에 가기를 꺼린다. 자신이 유대인이기에 위험하지 않을까 하는 걱정 때문이다. 물론 유대인이 아닌 외국인은 가자와 서안을 위험한 장소로 여길 이유는 털끝만큼도 없다.

세 대의 차로 집합 지점인 텔아비브 북부 교외의 헤르즐리야를 출발하여 2번 도로, 통칭 하이파 로드를 타고 북상했다. 나타니아에서 내륙 방면으로 향해 가다가 동쪽으로 방향을 바꾸면 바로 95년 1월에 버스 폭탄 테러사건이 발생했던 버스 정류소가 있는 교차점을 통과한다. 사망자가 스무 명을 넘는 대참사로서 국민들 사이에 치안에 대한 경각심이 높아져 이듬해 선거에서 네탄야후를 수상으로 만들게 했다. 현장에는 아직도 많은 꽃들이 놓여져 있었다.

조금 가다보면 전방에 검문소가 보인다. 벌써 서안이 시작되고 있는 것이다. 나타니아에서 20분도 달리지 않았다. 지도상으로 보면 이 주위는 서안이 지중해 쪽으로 툭 튀어나가 있어서 지도상으로 볼 때 이스라엘이 거의 띠 모양으로 가늘게 되어 있는 지역이다. 서안의 도시 투르칼렘에서 직선거리로 약 15킬로미터 정도 떨어진 곳에 지중해가 나온다. 점령하고 있는 서안 지역에서 이스라엘 군대의 철수에 반대해 당시 야당인 리쿠드당은 투르칼렘에서 나타니아까지 도보 시위를 벌인 적이 있다. 서안을 팔레스타인의 손에 넘긴다면, 이스라엘 국토의 중심부는 이렇게 좁은 띠 모양으로 될 수밖에 없다라는 것을 강조하려고 했던 것이다.

검문소를 지나면 아랍 도시 투르칼렘 안으로 들어가게 된다. 장이 서는 날이었는지 노점과 사람으로 가득 차서 길을 빠져 나

▲ 서안 지구에 있는 유대인 정착촌

오는데 한참 고생했다. 팔레스타인에 들어와 인파 속에서 선 채로 꼼짝 못했다. 공포를 느낄 정도는 아니었지만 그다지 좋은 기분은 아니었다. 하여간 검문소를 사이에 두고 차로 수분동안 이스라엘에서 갑자기 아랍 지역에 도달했다. 이것은 여권을 들지 않았다고 해도 정말로 해외 여행하는 기분이 든다.

투르칼렘을 벗어나면 서안의 깡마른 산봉우리 사이를 달리게 되는데 도로 상태가 이스라엘보다 현저하게 떨어지기 때문에 주의하지 않으면 안 되었다. 한 시간도 가지 않아 65번 도로와의 교차점에 도달했다. 곧바로 직행하면 나불루스지만 먼저 고대 이스라엘 북왕국의 수도였던 사마리아의 유적을 보기 위해서 좌회전하여 북쪽 제닌 방면으로 향했다. 얼마 가지않아 세바스테(사마리아의 로마식 호칭)라는 도로표지판이 있었다. 아마 오른쪽에 보이는 언덕이 사마리아의 유적일 것이다.

이스라엘 북왕국의 수도 사마리아

언덕을 올라가던 도중, 세바스티야라는 작은 마을이 있었다. 물론 아랍 마을이지만 틀림없이 사마리아의 로마식 호칭 세바스테가 아라비아어 지명으로 남은 것이다. 이 마을의 중심 왼편에 보이는 모스크는 일찍이 십자군의 교회였던 것 같다. 좁은 골목길에서 주민들이 아주 신기해하는 시선으로 바라봤다. 좁은 길을 빠져 나오자 커다란 광장이 나왔다. 그 안으로 들어가니 로마식 열주가 늘어서 있었다. 여기가 남유다 왕국의 예루살렘과 어깨를 견주던 이스라엘 북왕국의 수도 사마리아다. 하지만 찬란했던 과거에 비해 너무 한산한 유적이다. 남유다 왕국의 성도 예루살렘과 이렇게 차이가 많이 나는 이유는 도대체 무엇인가. 팔레스타인측에 있는 유적이라는 이유만은 아닐 것이다.

자동차를 열주 앞에 세우고 재빠르게 유적을 둘러보았다. 열주가 늘어서 있는 로마식 광장은 눈을 크게 뜨고 볼만큼 큰 규모는 아니다. 광장 가장자리의 건물 터를 지나, 언덕의 정상을 향했다. 논길 같은 좁은 길을 가다 보면 십자군의 교회 터가 있고 조금 더 가면 이스라엘 북왕국 시대의 궁전 터가 있다.

사마리아는 북왕국 최초의 수도 세겜(지금의 나불루스), 단기간 천도하였던 요르단쪽의 페느엘, 왕위 찬탈과 내분의 과정에서 불에 타버린 디르사의 뒤를 이어 수도가 된 곳이다. 기원전 9세기에 건설되어 기원전 721년 앗시리아에게 멸망당하기까지 이스라엘 북왕국의 수도로서 번성했다. 그렇게 높지는 않지만 주변에서 고립된 언덕으로 방위가 용이했다. 그 때문에 오므리 왕이 슈메르라는 소유자로부터 사들여 신도시를 사마리아라고 이름지었다. 사마리아는 히브리인이 아무것도 없던 곳에 완전히 새로 건설한 유일한 수도였다.

북왕국 멸망후 일부 주민은 앗시리아에 포로로 끌려가고 수도도 파괴되었다. 사마리아의 두 번째 영화는 헬레니즘 시대를 지나 기원전 1세기 헤로데 왕 시대에 찾아왔다. 헤로데는 사마리아를 로마의 메트로폴리스로 재건하고, 그 이름도 세바스테로 개명했다. 그리고 성벽 안에는 사원, 원형극장, 경기장 등을 건설했다. 위에서 말한 로마식 광장도 그중 하나이다. 세바스테의 원형극장은 지중해 연안의 카이사레이아보다 조금 작지만 복구되지 않은 만큼 당시의 분위기를 잘 전해주고 있다. 세바스테는 그 후 대로마 항쟁시 파괴되어 비잔틴 시대에 세 번째 재건되고, 그후 다시 아랍에 의해서 파괴되어 네 번째는 십자군에 의해 재건되었다.

사마리아는 일찍이 히브리인의 땅이었지만 주민들은 그곳에서 독자적으로 사마리아 종파를 만들었다. 그후 헬레니즘과 로마의 영향을 받아서 이들 외래문화와 공존하고, 특히 기독교인이 다수를 점하는 땅으로 변했다. 사마리아는 현재 아랍의 땅, 즉 팔레스타인이다. 따라서 지금의 서안에는 이슬람교도, 사마리아교도 그리고 기독교도가 공존하게 되었다. 이처럼 사마리아는 극심한 민족·종교사의 변천과정을 겪었다.

덧붙여서 사마리아의 유적은 이스라엘을 포함한 이곳 팔레스타인 땅에서 처음으로 대규모의 과학적인 유적발굴이 이루어졌다. 유적발굴사의 획기적인 사건이었고, 아직 영국 위임통치령이었던 20세기초에 미국 하버드대학 조사단에 의해 발굴이 이루어졌다. 운 좋게도 유적이 한군데 모여 있었고, 이스라엘 왕국의 수도로서 구약성서나 요세푸스의 문헌자료에 의해서 그 역사도 자세하게 알려져 있었다. 더욱이 이집트에서 행해져 왔던 고전적 고고학이 이룬 성과 등 호조건이 겹쳐서 조사는 성공리에 이루어졌다.

그러나 애석한 것은 이스라엘 북왕국 시대나 로마 시대의 유적이 다수 남아 있어도 그 유적을 자신들의 직접적인 선조가 이루어 놓았다는 인식을 못하기 때문에 팔레스타인 사람들이 그 유산을 지켜나가려는 강한 의지가 없는 점이다. 게다가 이스라엘 측도 예전에 차별했던 사마리아인의, 그리고 지금은 적대시하는 팔레스타인 지역의 유산이기 때문에 사마리아를 그다지 중요하게 여기지 않는다. 팔레스타인과 이스라엘이 모두 꺼려하는 사마리아는 이방인으로 하여금 애처로움을 자아내게 한다.

디르사에서 나불루스로

사마리아의 유적을 한 바퀴 돌아본 후 이번에는 나불루스로 향했다. 사마리아의 유적에서는 남동 방향으로 15분 정도의 거리이다. 57번 도로로 되돌아가 좌회전하면 길은 점차 비탈길이 되어 양쪽 산 사면에 아랍풍의 하얀 건물이 밀집해 있는 것이 보이고 곧 시가지에 도착한다. 나는 산골짜기에 생긴 이 도시가 이스라엘, 팔레스타인을 포함한 이 지역 전체에서 가장 마음에 든다. 또 나불루스는 서안의 상업중심지이기도 하다. 도시의 중심을 두 개의 대로가 동서로 달리고 중심지는 사람과 차로 넘쳐나는 과연 팔레스타인의 대표적 상업도시이다. 나불루스가 가장 좋다

고 하면 팔레스타인을 너무 편드는 것이 아닌가 하는 지적을 받
을 수도 있다. 하지만 지금은 팔레스타인의 도시이지만 역사적
으로 나불루스는 매우 중요한 히브리인의 도시였다.

그러나 나불루스를 그냥 지나쳐서 동북쪽으로 11킬로미터 지
점에 디르사라는 유적으로 향했다. 북 이스라엘 왕국 세 번째 수
도였던 곳이다. 나불루스를 빠져나오자 주위경관이 급격하게 바
뀌어 매우 황량한 계곡이 나왔다. 20분 정도 달리자 디르사와 같
은 유적으로 분류된 텔 엘 파루아라는 곳에 도착했다. 차를 세워
놓고 모두 언덕을 걸어 올라갔다. 언덕 위의 테라스는 밭이고,
민가가 달랑 한 채 서 있었다. 이것만으로는 유적이라고 확신을
가지기 어려워서 그냥 가려고 할 때, 그 고장 청년 두 사람이 다
가왔다. 유적의 장소를 그들에게 물어보자 저쪽이라고 테라스의
북쪽을 손으로 가리켰다.

양배추 잎을 밟지 않도록 주의하면서 북쪽으로 걸어가 보니 그

▲ 나불루스 전경

곳에 옛 수도의 유적이 있었다. 초기 청동기 시대에 일찍이 요새화된 이곳에 남아 있는 것은 기초 구조물뿐이었다. 어딘가에 북왕국의 여로보암과 그 후계자들의 왕궁 터가 있겠지만 아직 발견되지 않았다고 한다. 2500년 이상 된 유적이고 불타 없어진 유적이기 때문에 원형을 상상할 수 없다는 것이 안타까울 따름이다. '나의 짝은 디르사처럼 아름답고 예루살렘처럼 귀엽구나'(아가 6: 4)라고, 예루살렘과 함께 노래불릴 만큼 사방을 조망하기에 좋은 언덕 위의 수도였다. 오므리 왕은 이곳 디르사에서 6년간 통치한 후, 수도를 사마리아로 옮겼다. 이스라엘은 사마리아와 마찬가지로 이곳 유적에 관한 관심을 보이고 있지 않다. 더구나 유적이 팔레스타인 서안의 깊숙한 산골짜기에 있기 때문에 그 보존과 발굴의 문제는 더욱 심각하다.

다음은 나불루스 시내로 돌아가 가장 최초의 수도 세겜를 보러 갔다. 덧붙여서 세겜 이후 수도가 된 페느엘은 현재 요르단 지역이기 때문에 방문할 수가 없다. 왕국 최초의 수도는 현재 나불루스 동쪽 교외에 있는 텔바라타에 있고 세겜이라 불렀다. 나불루스는 현재 순수한 아랍 도시지만 이곳은 히브리인에게 있어서도 대단히 중요한 땅이다. 시조 아브라함은 그곳에서 자손들이 가나안 땅을 물려받을 것이라는 약속을 받았다.(창세기12:7). 또 신의 율법을 받아 기록해야 한다는 모세의 명령을 받아(신명기 27장) 6부족씩 에발 산과 그리심 산 앞에 서서 12계명을 낭송했다.(여호수아 8:31~35) 솔로몬 사후 아들 르호보암에 의한 세습 지배에 북방 10부족이 반기를 들고, 왕국은 분열되어 신국왕 여로보암은 새로운 북왕국 이스라엘의 수도로서 이곳 세겜을 선택했다. 현재도 히브리어로 나불루스를 세겜이라고 부른다. 덧붙여서 아라비아어의 나불루스라는 명칭은 로마 시대의 호칭 네아폴리스가 아랍풍으로 바뀐 것이며 이탈리아의 나폴리와 어원이 같다.

동북쪽에서 나불루스 시내로 들어오기 직전 좌측 건물 뒤편에 텔바라타 유적이 있다. 국제기구의 원조로 복구가 이루어지고 있어 엄중하게 철조망으로 둘러치고 있다. 멀리 떨어진 곳에서 보는 텔바라타는 면적 면에서 그다지 대규모 유적으로는 보이지 않는다. 여하튼 반대편 산 경사면에서 시작되는 좁은 지역에 만들어진 수도였기 때문이다. 방어용 굴도 볼 수 있었지만 지형적으로 남북에서 산으로 둘러진 상태이기 때문에 당연히 방위상 약점을 가지고 있었음에 틀림이 없다.

나불루스 시내에 있는 동안 예수가 물을 긷는 사마리아 여인과

▶ **사마리아 여인과 예수**
예수께서는 "이 우물물을 마시는 사람은 다
시 목 마르겠지만 내가 주는 물을 마시는 사
람은 영원히 목마르지 않을 것이다. 내가 주
는 물은 그 사람속에서 샘물처럼 솟아 올라
영원히 살게 할 것이다." 하셨다.
(요한 4:13~14)

이야기를 나누었다고 하는 야곱의 우물을 보러 갔다. 이것도 텔
바라타에 가까운 시내 동쪽에 있다. 야곱이 아람인의 포로 생활
에서 해방되어 돌아오는 도중 세겜에 머물면서 이곳에 땅을 사
서 이스라엘의 신을 위해 제단을 지었다고 하는 장소이다. 야곱
의 우물은 미완성으로 벽밖에 없는 교회안에 있다. 울타리 앞에
차를 세우고 교회 안으로 들어가자 부탁도 하지 않았는데 안내
인이 안으로 안내해 주었다. 이곳은 원래 비잔틴 교회였지만 나
중에 십자군이 재건했다. 게다가 20세기에 들어서서 제정 러시
아 교회의 지원으로 세 번째로 재건이 계획됐지만, 1917년 러시
아 혁명의 여파로 완성되지 못하고 오랫동안 방치되어 있었다.
하지만 이번은 같은 정교회의 그리스가 지원을 자청하고 나섰
다. 비잔틴식 교회인 만큼 석주가 우뚝 서 있고 원주나 그 장식
이 지면에 널려 있었다.

　야곱의 우물은 작은 오두막집 계단을 따라 내려가면 지하실이 있는데 그 중앙에 깊이 35미터의 우물이 있고 실제 물도 마실 수 있다. 여기는 토산물을 파는 매점도 있지만 건물 안은 그리스정교 분위기로 가득했다. 나중에 방문할 수 없을 것 같은 생각에 야곱의 우물 기념접시를 하나 샀다. 야곱의 우물에서 예수는 물을 긷는 사마리아 여인과 만났다. 당시 심한 멸시를 당하고 있었던 사마리아인에게 상냥하게 말을 걸었기 때문에 그 여인이 매우 놀랐다. 점차로 예수를 우러러 보게되어 예수가 사마리아인들의 처소에서 이틀간 머물렀던 것이다. 이 단순한 이야기가, 소위 '물긷는 사마리아 여인' (요한 4:5~26)의 이야기이다. 예수 시대의 사마리아는 앗시리아에 의해서 이민족이 도입된 이후이다. 게다가 헬레니즘 문화의 영향도 크고 유대인들의 멸시가 정점에 달해 있었던 무렵으로, 예수도 사마리아의 정신적 토양이 포교에 적당하지 않다고 느껴서인지 사마리아에서는 그다지 활동을 하지 않았다. 그러나 억압받고 있던 사람들에게 따뜻한 눈길을

▼ 그리심 신전 전경

보내는 것이 예수의 진면목이고, 그것이 야곱의 우물에서 사마리아 여인과의 대화로 나타나게 된 것이다.

사마리인들의 그리심 신전

나불루스 시내를 한바퀴 둘러봤기 때문에 다음은 그리심 산으로 향했다. 나불루스 도시를 두 방향에서 내려다보는 것처럼 솟은 산 북쪽이 에발 산이고, 남서쪽이 그리심 산(881미터)이다. 그런데 어느 길을 올라가야 할지 알 수 없어 길을 가는 사람에게 물어보아도 확실하지 않았다. 한참 고생해서 겨우 길을 아는 사람을 만났다. 그는 자신의 차로 등산로 입구까지 안내해 주겠다고 했다. 그의 친절이 정말 고마웠지만 대부분의 사람들이 그리심 산에 대해 무관심한 것에도 놀랐다. 이슬람교도인 나불루스 사람들에게 조상이 유대교인 사마리아의 본산은 아무런 이해관계가 없기 때문인지도 모른다.

험준한 산길을 힘차게 올라갔다. 가는 도중 산중턱에서 나불루스가 한눈에 내려다 보였다. 나는 이곳 팔레스타인 땅에서 여러 풍광과 유적을 보았지만 가장 내 마음속에 남아 있는 광경은 산 위에서 보았던 나불루스의 정경이다. 산길을 다 올라가자 그곳은 정상이라기보다 광대한 고지대였다. 사마리아인 마을을 지나서 가장 높은 고지대를 향했다. 예루살렘 제1신전을 충실히 모방했다는 사마리아인들의 신전은 그곳에 있었을 것이다.

가다보니 유적발굴로 통행을 금지하고 있었기 때문에 도보로 다시 정상을 향했다. 밑에서 유적이 보일 리 없겠지만 대충 유적의 위치는 알 수 있었다. 예상한 대로 조금 가자 석벽이 나타났다. 주위는 울타리가 쳐져 있고 감시원이 있어서 안에는 들어갈 수 없지만 울타리가 없는 위치까지 이동해서 안쪽을 쳐다보았다.

발굴을 진행하면서 복원도 이루어지고 있는지 발굴장은 돌이 규칙적으로 쌓여 있었고 유적의 기초부분은 거의 완성되가고 있었다. 머리 속에서 예루살렘의 바위돔 주변을 떠올려 봤다. 테라스 면적을 생각해 보면 예루살렘이 확실히 넓지만 신전의 크기는 거의 같은 규모일 것 같았다.

1983년부터 그리심 산의 발굴을 진행하고 있는 것은 고고학자인 이트하크 마겐이다. 그는 반로마 항쟁 때 로마와의 타협을 중재하고 후에 『유대 전쟁사』등의 역사서를 저술한 요세푸스 플라비우스의 『유대 고대사』에 있는 고대 애정설화를 바탕으로 그리심 신전 터를 발견한 것이다. 요세푸스는 그 책 안에서 예루살렘의 고승으로서 비유대인 여성 니카소와 결혼하여 유대법을 위반한 메나세의 이야기를 기록하고 있다. 메나세는 예루살렘 신전을 떠날 것인가 아니면 아내를 버릴 것인가의 기로에서 아내와 함께 있을 것을 선택했다고 한다. 니카소의 아버지로서 사마리아의 지도자였던 산바라트는 메나세에게 신전을 실제 모습과 똑 같이 만들어 그를 종교계의 우두머리로 만들어 줄 것을 약속했다. 이렇게 해서 유대교단에서 떨어져 나온 독자적인 사마리아 교단이 발족되었던 것이다.

산바라트가 건설한 신전은 나블루스를 내려다보는 황량한 그리심 산 산정에 누워 있다. 최근 마겐 팀이 2미터에 이르는 두께의 벽과 문, 제단 터를 발견해 사마리아인 신전의 전모가 드러나기 시작했다. 이 신전은 기원전 960년 솔로몬 왕이 건설한 제1

신전을 모방한 것이다.

지금까지의 발굴에 따르면 그리심 산의 유적은 신전은 예루살렘과 비슷한 거주구역에 둘러싸여 있었다. 그리고 전성기에는 1만5천 명이 40헥타르 이상에 걸친 면적 안에서 살고 있었다. 유적에 남아 있던 것 중 기원전 2세기경의 것이라고 생각되어지는 고대 히브리어로 기록된 문자에 의해 사마리아인이 유대교의 기도에서 희생 의식까지 의식 전체를 그대로 실행하고 있었던 것이 밝혀졌다.

슬픈 사마리아 사람들

돌아오는 길에 사마리아인 마을에 차를 세우고 사마리아인이 페사하(유월절) 축제의 희생 의식을 치르고 있는 광장을 바라보고 있으니 사마리아 사람들이 우리 일행을 지나쳐 도로 반대편에 있는 회당으로 들어갔다. 한사람이 예배를 보러가지 않겠냐고 권유했기 때문에 우리들도 건물안으로 들어갔다. 하얀 복장을 한 사람들이 50명 정도 모여 앉아서 열심히 기도를 드리고 있었다. 옆에 기도서가 있어서 책장을 넘겨보니 문외한인 나의 눈에도 현대 히브리어와는 확연히 다른 문자가 적혀 있었다.

나중에 몇 사람과 이야기를 나눈 결과 이곳에 사마리아인이 286명 있고 텔아비브 근교의 호른이라는 곳에도 거의 비슷한 숫자가 살고 있다고 한다. 예전부터 사마리아인끼리만 결혼했기 때문에 그 옛날 앗시리아에 포로로 잡혀간 이후 인구가 급격히 줄어들었고, 근친결혼 때문에 신체장애자의 비율이 높아졌다고 한다. 그런 이야기를 들은 후 거리를 보니 과연 다리를 절며 걸어다니는 사람을 몇 사람 볼 수 있었다. 민족 멸망의 위기에 직면한 현재는 결혼제약도 많이 완화되어 남자 쪽이 사마리아인이면 사마리아인으로 인정하고 있다. 완전히 모계사회인 유대계와는 정반대의 사회이다. 하나에서 열까지 유대사회와는 기차길처럼 평행선을 긋는 사마리아인들이다.

사마리아인들은 자신들이 진실한 유대인, 아니 정확하게 말하면 이스라엘인이라고 자부하고 있다. 이스라엘이라 불렸던 야곱의 혈통을 이어받은 북이스라엘 왕국의 직계손이라는 것이다. 그들은 유대교 성립 이전부터 충실하게 모세 5경의 가르침만을 실천해 왔다. 현재는 일상어로서 아랍어를 사용하고 있지만 예배중에는 고대 히브리어를 사용하고 있다. 사마리아인의 눈으로 보면 바빌론 유수에서 귀환한 사람들이 새롭게 창설한 유대

교단보다 이스라엘 땅에서 면면히 이어져 내려온 원시 사마리아
교단이 훨씬 유대인다우며, 이 주장이 반드시 터무니없는 것만
은 아니다.

남쪽의 라맛라를 경유해서 돌아오는 중에 실로라는 유적에 들
러 보기로 했다. 이곳도 서안이라고는 하지만 유대인에게 있어
대단히 중요한 곳이다. 여호수아가 여기에서 이스라엘 백성에게
토지를 분배해 주었으며(여호수아 18장), 에벤에셀 전투에서 블
레셋인에게 빼앗기기 전까지 2백년간 언약궤가 놓여져 있었던
가장 중요한 성소이다.(사무엘상 4장) 실제로 실로를 방문해보니
60번 도로에 인접한 실로라는 동명의 정착촌 서쪽 언덕 일대에
광대한 유적이 있었다. 입구 근처에는 조촐한 비잔틴교회가 서
있고 언덕을 넘으면 그 안쪽으로 제단 터가 있는데 그곳에 언약

162 제2부 분노의 땅 팔레스타인

궤가 놓여져 있었는지도 모른다. 블레셋인과의 전투는 그를 통해 민족통일과 국방력 강화의 필요성을 인식하게되어 사울과 다윗으로 이어지는 이스라엘 왕정의 출현을 촉진시킨 중요한 사건이었다. 그러나 북왕국의 여로보암에 의해 재건되기 전까지 파괴된 채로 있었다. 저녁이 다 되어서 라맛라에서 텔아비브로 향했다.

사마리아 방면으로 떠난 하루일정의 여행이었지만 여호수아의 가나안 정복 이후 3천 년 이상의 역사를 눈앞에서 볼 수 있었고, 앗시리아와 페니키아, 그리스와 로마, 더욱이 이슬람과 십자군의 향기가 잔잔히 떠도는 것을 느낄 수 있었다. 게다가 유대교, 기독교, 이슬람교의 종교가 덧칠되어 영화로웠던 과거의 전경이 머리속에서 맴돌았다. 이스라엘 유대인의 눈에는 서안이 타국처럼 느껴지고, 예루살렘과 비교하면 관광객이 거의 없는 사마리아 유적이지만 이스라엘과 팔레스타인의 역사에 중요한 반석임에는 의심할 여지가 없다.

3. 다윗과 솔로몬의 탄식

현재는 팔레스타인 서안에 위치하고, 예전에는 북이스라엘 왕국의 수도였던 사마리아에서 60번 도로를 타고 북쪽으로 달리면 완만한 구릉 지대에 구불구불 이어지는 도로를 만나게 된다. 요르단 강 서안을 달리면 왠지 전쟁터에서 목숨을 걸고 달리는 것 같은 인상을 받는 사람이 있을지 모른다. 실제로 서안은 여유롭고 아름다우며, 교통량도 적기 때문에 드라이브를 즐기는 사람에게는 참을 수 없이 짜릿한 고갯길의 연속이다.

60번 도로를 타고 북쪽으로 달리다 보면 구릉 기슭에 있는 제닌에 도착한다. 제닌을 통과하면 완전히 이스르엘 평원에 도달하게 된다. 오른쪽으로는 아후라이고 왼쪽으로는 므깃도(성서:므기또)이다. 오른쪽 뒤로는 밥공기를 엎어놓은 듯한 타보르 산의 모습이 보인다. 제닌을 넘어 아후라 방면으로 북상해서 가다보면 그 사이에 이스라엘과의 경계선인 그린라인에 도착하게 되고 이스르엘 병사의 검문을 받게 된다. 검문소를 통과하면 이스라엘을 지나게 된다. 지금은 아무런 흔적도 없지만 이 부근에 북왕국의 겨울 궁전이 있었다고 전해진다. 이렇게 사마리아에서 60번 도로를 타고 이스르엘까지 달린 것만으로도 이스라엘사에서 중요한 위치를 차지하는 북이스라엘 왕국 흥망성쇠를 몸으로 느낄 수 있을 것이다.

　이스르엘 평원은 갈릴리 구릉과 사마리아 구릉사이, 하이파에서 베트 쉐안을 연결하는 광대한 분지와 같은 평원을 이루고 있다. 이 지역이야말로 고대에 이집트와 메소포타미아를 연결한 교통의 요충지였다. 텔아비브에서 갈릴리 지방이나 북쪽 지역으로 가려면 항상 이스르엘 평원을 통과한다. 이스르엘 평원을 달리고 있으면 왜 그렇게 마음이 편안해지는 것일까. 아마 경작지인 평원 너머로 완만한 산이 보이고, 무엇보다 건조하고 메마른 땅이 아니라 물이 풍부한 녹지대이기 때문일 것이다. 연한 자주색의 아몬드 밭에서 농민들이 밭일을 하고 있고, 그 광경을 보면 어린 시절의 추억을 그리게 되어 말할 수 없는 향수에 젖는다.

　사마리아 유적을 방문한 뒤 나는 이곳을 무대로 한 장대한 고대 왕국 흥망성쇠의 역사에 마음을 빼앗겼다. 그 흥망의 역사를 연출한 것은 사마리아와 이스르엘을 무대로 한 북이스라엘 왕국이다. 북이스라엘 왕국의 수도였던 사마리아가 지금은 폐허 속에서 잊혀져가고 있는 모습을 보면 말로 표현할 수 없는 비통한 심경에 빠진다. 과거에는 예루살렘과 동등한 영화를 누리던 도시가 지금은 도대체 어떻게 된 것인가.' 나는 역사의 뒤안길에서 엄청난 비애를 느낀다.

다윗, 솔로몬으로 이어진 히브리인의 통일왕국은 남북으로 분열되어 이스라엘의 이름을 이어받은 북왕국과 유다, 베냐민 두 부족에 의한 남유다 왕국이 나란히 세워졌다. 그러나 일반인들은 히브리의 역사를 다윗 왕의 자손이 이어받은 국가이기도 한 남유다 왕국의 역사라고 생각하기 쉽다.

한편 앗시리아에게 멸망당하여 사라져버린 10부족의 북이스라엘 왕국에서는 혼혈이 계속적으로 이루어졌고, 그 주민들은 후에 사마리아교, 기독교, 이슬람교의 세례를 받아 오늘에 이르고 있다. 현재 서안 북부에 상당하는 지역이 팔레스타인에 속하지만 그 주민들조차 관심을 보이지 않아 과거의 역사는 점점 잊혀져가고 있다. 그러나 북이스라엘도 남유다 못지 않은 흥미 깊은 역사가 있다는 것을 알아야 한다.

다윗과 솔로몬의 영광과 좌절

히브리인들은 원래 사막에서 천막생활을 영위하며 각 족장들에 의해 다스려지고 있었다. 따라서 그들은 전통적으로 국가나 국왕이 없었다. 주변국에 대항하기 위한 정치적 필요성에 따라 기원전 10세기에 사울이 초대국왕으로 등극했다. 그 뒤를 이어 유대족의 다윗이 통일왕국의 국왕이 되어 이민족이 사는 이교의 땅 예루살렘을 공략하여 수도를 세웠다. 다윗의 치하에서 왕국은 급속도로 국가체제를 정비했다. 그런 와중에 다윗 왕이 중앙집권과 유대족의 지배에 반발하는 세력이 생겨났다. 어처구니없

Rembrandt f 1642

(여왕이) 왕에게 말했다. "당신과 당신의 지혜에 대한 소문은 내가 이미 우리나라에서 듣고 있었습니다만 과연 사실이군요"(열왕기상 10:6)

게도 다윗의 세 번째 아들인 압살롬이 쿠데타를 일으켜 일시 왕위를 찬탈하는 일도 일어났다. 에브라임 구릉 지대 출신의 세바도 다윗 왕의 지배에 반발해 반란을 일으켰다. 그 이유는 유대족에게는 이롭지만 다른 부족은 왕국성립시대 이전보다 상황이 안 좋아졌기 때문이다. 다윗 왕은 겨우 이 반란을 제압했다.

다윗의 뒤를 솔로몬이 계승했는데 그 정치적 수완이 아버지를 능가했다. 이스라엘의 중앙집권은 더욱 강력해졌으며 큰 전쟁도

◀ 다윗과 압살롬의 화해 렘브란트(1606~1669)
압살롬이 어전에 들어가 얼굴을 땅에 대고 왕 앞에 엎드리자 왕은 압살롬에게 입을 맞추었다.
(사무엘하 14:33)

없는 태평성대를 구가했다. 예루살렘에는 장려한 신전과 궁전이 건설되었고 그 장엄함과 생활의 우아함은 극치를 이루었다. 솔로몬의 명성을 들은 시바의 여왕은 아라비아에서 일부러 예루살렘을 방문하였으며, 예루살렘의 위용에 깜짝 놀랐다고 한다.

그러나 이러한 표면상의 번영은 예루살렘에 한정된 것이었다. 일반 도시와 황야에 사는 민중들은 예루살렘과는 정반대인 아주 검소한 삶을 살고 있었다. 게다가 솔로몬의 말년에는 사회규범과 문화적 규율이 혼탁해져 민중의 반란을 초래했다. 솔로몬은 '무려 칠백 명이나 되는 후궁을 거느렸고, 그 밖에도 수청드는 여자가 삼백 명이나 되었다' (열왕기상 11:1~3). 그는 이집트, 모압, 암몬, 에돔, 시돈, 힛타이트 등 수없이 많은 외국의 여인들을

◀ 압살롬의 죽음을 슬퍼하는 다윗
이 말을 듣고 왕은 가슴이 미워지는것 같아 성문 위에 있는 골방으로 올라가 "내 자식 압살롬아, 내 자식아 내 자식 압살롬아, 차라리 내가 죽을 것을 이게 웬일이냐? 내 자식 압살롬아, 내 자식아"하며 목 놓아 울었다.
(사무엘하 19:1)

아내로 취했다. 그러자 그녀들이 자기 조국에서 가지고 온 풍습과 종교가 원래 이교의 땅인 예루살렘 궁전에 만연했다.

예루살렘에서 토목공사를 하던 노동자 중에 여로보암이라는 젊고 강인한 청년이 있었다. 그도 세바와 같은 에브라임 구릉 출신이었다. 그는 능력을 인정받아 그와 같이 에브라임에서 온 노동자들을 감독하게 되었다. 어느 날 그는 길가에서 예언자를 만나 쿠데타의 예언을 들었다. 그가 에브라임의 중심인 나불루스에서 대책을 세우고 있을 때 솔로몬의 후계자로 왕위에 오른 르호보암이 무리를 이끌고 나불루스에 왔다. 왕위를 계승하기 위해서는 북방의 제 부족들의 양해를 얻어둘 필요가 있었기 때문이다. 남북 양 왕조의 힘의 관계가 왕위 계승에 민감한 사안이었지 국왕을 배출하고 있던 남쪽이 우월한 위치에 있었던 것은 아니었다. 이 자리에서 여로보암은 지역의 지도자들과 함께 르호보암에게 호소했다.

"임금님의 부왕은 우리에게 무거운 멍에를 메웠습니다. 이제 임금님께서는 부왕이 메웠던 이 무거운 멍에를 가볍게 해주시고 심한 일을 덜어주십시오. 그래야만 우리는 임금님을 받들어 섬기겠습니다."(열왕기상 12:4)

그것을 듣고 르호보암은 솔로몬 왕 시대부터 궁정의 상담역을 맡아온 장로들에게 상담을 의뢰했다. 장로들은 히브리 부족의 전통과 기질을 잘 알고 있었으며 민중들 사이에 솔로몬 치세하의 불만이 높다는 것도 파악하고 있었다. 그래서 장로들은 르호보암에게 왕위를 길게 유지하기 위해서는 국왕이라고 하지만 봉사하는 자세로 이스라엘 백성을 대하도록 권유했다.

　르호보암은 이것이 달갑지만은 않았다. 그래서 이번은 같이 동
행하던 어릴적 친구들에게 상담했다. 예상했던 대로 친구들은
르호보암이 기뻐할 만한 내용의 대사를 가르쳐 주었다.

　"선왕께서는 너희에게 무거운 멍에를 메웠다. 그렇지만 나는 그
보다 더 무거운 멍에를 메우리라. 선왕께서는 너희를 가죽채찍으
로 치셨으나 나는 쇠채찍으로 다스리리라."(열왕기상 12:14)

　에브라임의 사람들은 분노에 떨며 왕에게 등을 돌려 나가버렸
다. 그것이 양자의 인연이 끊어지게 된 사건이었다. 그후 북쪽의
제 부족이 남쪽의 유대족과 합체하여 통일국가를 만드는 일은

두 번 다시 없었다. 북쪽의 주민들은 여로보암을 북쪽의 새로운 국왕으로 선택했다. 새로운 왕국은 왕의 치하에서 살면서도 맹목적으로 따르는 것이 아니라 민중의 입장에서 항상 왕권을 감시하고 비판할 수 있었다.

남북분열 끝에 북방 10부족이 남유다 왕국과 인연을 끊고 북이스라엘 왕국을 세웠다. 북왕국은 인구면에서는 물론 영토적으로도 현재의 요르단 북부까지 영역을 넓혔고, 남왕국에 대해서도 우위를 점하고 있었다. 기원전 9세기에는 오므리 왕이 새로운 수도 사마리아를 건설했다. 그후 그의 아들 아합 왕의 노력으로 국력은 충실해지고 그 명성은 메소포타미아까지 알려졌다. 국제관계도 다윗, 솔로몬 시대와 기본적으로는 변함이 없었다. 북방의 아람(시리아)과는 긴장관계에 있었고 페니키아(레바논)와의 우호관계는 북이스라엘 국정관계의 중요한 기준점이 되었다.

바알 신을 숭배한 이세벨 왕비의 죽음

페니키아와의 우호관계를 배경으로 아합 왕은 시돈의 왕녀 이세벨을 왕비로 맞이했다. 외국의 여인이 왕비로 시집을 오게되면 모국의 전통과 풍습, 종교 등이 필연적으로 따라 들어온다. 아합 왕은 왕비를 사랑하면 할수록 왕비가 가져온 이국문화에 빠져들게 되었다.

실제적이고 검소한 생활을 하던 사막의 백성 히브리인들과는 달리 이세벨 여왕은 지중해의 선진문명 속에서 자라났다. 그녀는 화려한 용모에 뒤지지 않을 만큼 강한 개성의 소유자였다. 왕비 이세벨은 국왕이 민중의 여론에 귀를 기울이는 북이스라엘의 독특한 정치적 전통을 이해할 수 없었다. 그녀에게 있어 국왕이 란 당연히 독재자였다. 이렇게 남편을 뛰어넘는 배짱을 가진 그 녀는 북이스라엘 왕국의 궁정(이스르엘 궁전)에서 절대적인 영향 력을 행사하게 되었다. 궁전 안에는 가는 곳마다 상아 세공품이 장식되어 아합의 궁전은 언제부터인가 '상아의 집'이라고 불려 지게 되었다.

성군으로 추앙받던 아합 왕이었지만 그 말로는 어처구니가 없 었다. 어느 날 아합 왕은 아람 왕과 전투를 벌이기 위해 군대를 이끌고 요르단 강 동안의 길르앗 고원으로 갔다. 그 때 화살이 날아와 아합 왕의 가슴에 꽂혔다. 아합은 전차 위에서 부하의 부 축을 받으며 하루종일 이스라엘군은 지휘했지만 저녁무렵에 숨

▶ 아합의 죽음

군인들이 다구 쏘아대던 화살 하나 가 이스라엘 왕에게 명중하였다. 화 살이 갑옷 가슴막이를 이은 부분에 꽂히자 왕은 그의 병거를 모는 병사 에게 명령하였다. "내가 다쳤다. 병 거를 돌려 여기에서 빠져 나가자" 싸움이 막바지에 이르렀을 때, 왕은 병거 위에 버티고 서 있다가 저녁때 에 시리아군 앞에서 숨을 거두었다. 병거 바닥에는 왕의 상처에서 흐른 피가 흥건하였다.
(열왕기상 22:34~35)

이 끊어졌다.

아합 왕이 죽었지만 이스라엘 지역에서 페니키아의 영향력이 사라지진 않았다. 오히려 이세벨은 아합의 뒤를 이어 왕이 된 여호람을 통해 국내외의 정치를 주무르며, 북왕국의 페니키아화를 추진했다. 게다가 이스라엘 북왕국만으로는 만족을 못하고 딸 아달랴를 남왕국의 왕비로 만드는데 성공한다. 그래서 북왕국보다 조잡한 유대왕국의 페니키아화는 성공의 급류를 타고 진행되었다.

그러나 이스라엘의 페니키아화는 그리 멀지 않아 후유증에 직면했다. 이스라엘의 장군 예후가 요르단 강 동안의 길르앗 고원 전투를 치르고 있을 때 지저분한 옷차림의 사나이가 다가왔다. 그는 예언자라 자칭하며 주머니에서 작은 항아리를 꺼내 예후의 머리에 올리브 기름을 부어주었다. 그것은 예후를 이스라엘의 새로운 왕으로 선언하는 것이었다. 사나이는 "이세벨을 비롯하여 아합의 가족을 무너뜨리시오"라는 말을 남기고 사라졌다.

예후는 급히 작전을 변경하여 전군의 방향을 돌리게 했다. 군대는 길르앗 고원을 달려 내려와 이스라엘 왕의 궁전을 향하여 이스르엘 평원을 달려나갔다. 한편 이스르엘 궁전의 파수대에 있던 파수꾼이 평원 저편 동쪽에서 모래바람이 이는 것을 발견했다.

여호람 왕은 자신의 전차를 준비시키고, 마침 이스르엘 궁전을 방문중이던 유다국왕 아하지야와 함께 예후를 맞으러 나갔다. 그러나 잠시후 사태의 심각성을 깨달은 여호람 왕은 황급히 전차를 돌려 달아나기 시작했다. 예후가 쏜 화살이 등 뒤에서

여호람의 심장을 꿰뚫었다. 여호람의 몸은 소리를 내며 전차 안으로 쓰러졌다.

예후의 반역의 손길은 아하지야 왕에게도 이어졌다. 아하지야는 이세벨의 딸 아달랴가 유다 왕국의 왕비가 되고 나서 낳은 아들이다. 말에게 채찍을 가하면서 정신없이 도망가려고 하는 아하지야 왕의 등에 예후의 화살이 날아와 박혔다. 아하지야는 그대로 므깃도 방면으로 달려갔지만 전차가 므깃도 요새에 도착했을 때 이미 아하지야의 목숨은 끊겨 있었다.

예후의 반란 정보는 곧바로 이스르엘 궁전에 있던 이세벨의 귀에 들어갔다. 그런데 그녀는 아들 여호람의 죽음을 슬퍼하기는커녕 의연히 창문으로 다가가 밖을 쳐다보았다. 전차를 탄 예후는 성문을 통과해서 의기양양하게 궁전으로 들어왔다. 예후가 궁전 창문 밑을 지나가고 있을 때 이세벨은 예후에게 말을 걸었다.

"상전을 죽인 역적 지므리놈아 그래 일이 잘 되었느냐?"

예후가 화가나서 "그 계집을 떨어뜨려라"하니 옆에 있던 신관

▶ **이세벨의 죽음**

예후가 창을 쳐다보며 말하였다. "거기 내 편을 들자가 아무도 없느냐" 그러자 내시 두엇이 창 밖으로 머리를 내밀고 내려다 보았다. 예후가 소리쳤다. "그 계집을 떨어뜨려라" 내시들이 그 여자를 떨어뜨리자 피가 담벽과 말에 튀었다. 예후가 탄 말이 그 몸을 짓밟았다.

(열왕기하 10:32~33)

들이 이세벨을 창 밖으로 내던졌다. 절규가 울려퍼지고 이세벨은 땅바닥에 내동댕이쳐졌다.

이세벨의 죽음으로 일련의 이스라엘 민족혁명이 끝난 것은 아니다. 아합가의 잔당이 사마리아의 여름 궁전에 남아 있기 때문이다. 혁명군은 이스르엘 평원에서 사마리아 구릉을 달려 올라가 사마리아의 궁전으로 향했다. 그리고 아합가의 잔당 70인을 한 사람도 남김없이 쳐죽일 때까지 살육의 피바람은 그치지 않았다.

북왕국은 피비린내 나는 살육에 의해서 국내가 혼란에 빠졌다. 시리아 방면의 아람족은 국내를 휘젓고 다니고 왕국은 자멸해 가면서 앗시리아의 등장을 기다리고 있었다.

북이스라엘 왕국 최후의 왕인 호세아가 앗시리아의 지원을 받아 전왕을 죽이고 그 뒤를 이었을 때, 북왕국은 이미 그 종말을 예고하고 있었다. 호세아에게 앗시리아의 속박에서 해방을 속삭이는 이집트의 동맹권유가 왔다. 그는 마음이 동하여 어리석게도 앗시리아에 반기를 들었다. 앗시리아는 금새 이스라엘을 침공하여 사마리아를 포위했다. 이 때 북 이스라엘 왕국은 붕괴되었지만 최후의 요새 사마리아는 아직 공략되지 않았다. 사마리아 언덕에 수도를 건설한 오므리 왕의 선견지명이 이제야 증명되었다. 큰 피해는 입었지만 사마리아 언덕은 함락되지 않고 끝까지 버티고 있었다. 게다가 성벽 내에서는 농지가 경작되고 있어 식량생산도 계속됐다. 계절이 몇 번인가 바뀌고 앗시리아의 지배자도 사르곤 2세로 바뀐 3년 후인 기원전 721년 결국 사마리아의 언덕이 함락됐다. 이렇게 그 영광스럽고 변화무쌍했던 대하드라마는 완전히 그 막을 내렸다. 정복하는데 애를 먹었던 사마리아 요새는 앗시리아에 의해 완전히 파괴됐다. 북왕국의 초대국왕 여로보암 1세가 즉위하고 나서 201년이 경과한 것으로 북왕국은 2세기 동안 유지했던 셈이다.

히브리인의 피의 행방

사마리아를 함락시킨 사르곤 2세의 기록에 의하면 사마리아에서 병사 27,590명, 전차 50량을 자신의 군대에 병합시켰다고 한다. 북왕국 10부족의 지휘자, 귀족, 부유층, 학자 등 소위 상류계층들은 강제적으로 연행되어 앗시리아 제국의 세 지역으로 이송됐다. 북왕국 시대의 인구는 약 80만 명 정도로 추정된다(덧붙여 남유다는 20만 명 미만). 이것은 도대체 무엇을 의미하는가. 북왕국의 구성부족은 '사라져버린 10 지파'(구약시대에 이스라엘 백성을 이룬 12지파 중 10지파를 말한다. 모세 사후 여호수아는 약속의 땅 가나안으로 이스라엘 백성을 인도하여 영토를 야곱의 아들이나 손자들의 이름을 딴 12지파에게 나누어 주었다.이중 BC 721년 앗시리아에게 정복당해 사라진 북쪽의 10지파를 유대전설에서 '사라진 10지파'라고 한다)라고 하지만 대다수의 사람들은 이 땅에 머물러 있었기 때문에 10부족의 북이스라엘인들이 완전히 사라진 것은 아니다.

한편 앗시리아의 다섯 지역에서 피정복민들이 사마리아로 이주해오면서 가져온 여러 종교가 성행하게 되었다. 당연히 새로 온 이주민들과 잔류한 이스라엘인들과의 혼혈도 이루어졌을 것이다. 일부에서는 타 종족과 혼혈이 이루어진 이스라엘 주민이 그대로 사마리아인으로 불려지게 되고 현재의 사마리아인, 팔레스타인인의 직간접적인 조상이 된 것은 아닐까 생각한다.

북왕국의 주민들은 태반이 잔류하고 일부가 앗시리아로 끌려갔지만, 다른 일부는 남왕국으로 도망간 사람들도 있었다. 북이스라엘의 정체성은 이렇게 남으로 이주한 북주민 속에 살아남게 되었다. 북쪽의 전통도 망명자들과 함께 남쪽으로 전해졌다. 그 외에는 사라져버렸다.

남유다도 그 후 앗시리아의 공격을 받은 끝에 동쪽의 요새 라기스를 빼앗겨 기원전 701년 예루살렘도 항복하기 직전까지 이르렀으나, 기적적으로 위기상황을 벗어났다. 구사일생으로 예루살렘은 살아남았고 그때 예루살렘에 있던 남유다인, 북이스라엘

▲ 바빌로니아의 왕 느부갓네살

인들이 그 후 히브리인의 정체성의 지표가 되었다. 이 시기에 북
과 남의 전통이 새롭게 재편되어 융합된 구약성서는 남유다 왕
국의 정통성을 공식적으로 인정하는 권위있는 성전이 되었다.
히브리인의 역사는 주로 남유다인들에 의해 종교적인 관점에서
기록된 것이다. 다시 말하자면 강대한 북왕국에 대해서 종교와
예루살렘 외에는 내세울 것 없던 남유다를 중심으로 기술되어진
사관이다.

　우여곡절 속에 남유다 왕국은 북왕국이 멸망한 뒤에도 1세기
정도 더 유지되었다. 그러나 기원전 587년 시드기아 왕을 마지

막으로 남유다 왕국은 바빌로니아의 느부갓네살 왕에게 함락된
다. 그리고 기원전 598,.587, 582년의 세 번에 걸친 공격과정에
서 원래 인구가 적었던 남유다 주민의 대다수가 바빌론 유수의
비운을 맞이하게 되었다. 이 땅에 남았던 사람은 포도밭을 경작
하는 '백성들 중의 무산자들' 2천 명 정도밖에 없었다고 전해지
는 것처럼 앗시리아 유수보다 훨씬 많은 사람이 끌려갔다. 그러
나 의외로 바빌로니아에서는 비교적 혜택을 많이 받으며 자유로
운 환경에서 생활하는 것이 허용되어 민족의 동일성을 잃어버리
지는 않았다.

페르시아 왕 고레스 시대인 기원전 538년 바빌론 유수로부터 1세기도 지나지 않은 남유다인들은 가나안 땅으로 귀환하여 예루살렘 재건에 힘쓰기 시작했다. 그러나 상황은 그들이 바빌로니아에서 꿈꾸던 것과는 거리가 멀었다. 남유다의 상황은 그들이 포로로 끌려갔을 때와 바뀐 것이 없었다. 땅은 황폐한 채로 있었고, 가장 충격적인 것은 귀환한 남유다인이 자신들의 고국에서 환영받지 못하는 신세였다는 것이다. 그것은 고향에 남아 있던 유대인들도 마찬가지였다. 게다가 그사이 주변의 여러 부족들이 들어왔고, 특히 북부의 사마리아인들이 남유다를 자신들의 영역으로 만들어버렸다. 그들은 대체로 북왕국의 후예들로 남쪽과 갈라선 이후 사마리아인으로서의 새로운 민족적 독자성을 급속도로 형성해가고 있었다. 귀환한 남유다인들은 사마리아인들을 혼혈 인종이고 종교적으로 부정한 존재로 여겼다. 그러나 당시의 남유다인들도 후에는 혼혈이 이루어지게 되는데, 후에 에즈라가 종교정화의 일환으로 잡혼금지령을 내린 경우에서 그 실상을 잘 알 수 있다. 포로로 잡혀가지 않았던 잔류 유대인들 역시 혼혈의 급류에서 벗어날 수는 없었다.

당시 바빌로니아에 정착하고 있던 많은 유대인들 중 고레스의 해방령에 의해 팔레스타인으로 귀환한 사람은 그렇게 많지 않았다. 바빌로니아에서 재산을 축적하고 지역사회에 완전히 동화되어 그곳에 영주한 사람들도 많았던 것이다. 페르시아 시대 이후 실제로 유대인의 종교와 문화는 바빌로니아와 팔레스타인 두 곳의 중심지를 갖고 있었다. 예를 들면 신전이 없는 바빌로니아에서 그것을 대신할 수 있는 회당과 랍비라는 제도가 발생했다. 모세 5경도 대부분이 바빌로니아에서 편집되어 페르시아 시대 에즈라에 의해 팔레스타인에 전해지게 되었다. 유대 성전의 집대성인 『탈무드』는 두 개의 판본이 있는데, 그중 바빌로니아 『탈무드』는 바로 이러한 연유에 의해서 생긴 것이다.

한편 페르시아 지배하의 남유다는 남북왕조 시대의 재현과 같이 북부 사마리아인 밑에 종속되어 있었다. 남유다인들이 열망해 온 고향귀환은 그 의도와 반대의 결과를 얻었지만 그럼에도 남유다인들은 예루살렘 재건에 온힘을 쏟아부었다. 일부 사마리아인이 신전 재건을 돕겠다고 제의했지만 남유다는 그것을 거부했다. 그것에 불만을 가진 사마리아 측은 자신들의 신앙을 히브리인과 분리시켜 사마리아 교단으로 새롭게 출발했다. 그리하여 결국에는 사마리아의 지도자 산바라트가 암몬의 지도자 도비야와 음모하여 예루살렘 재건 반대 운동을 벌이게 되었다.

북이스라엘인과 남유다인의 대립은 이렇게 반복되었다. 이것은 가나안 정복 때부터 이미 분열하고 있던 히브리인들의 숙명적인 남북관계일 것이다. 그러나 확실한 것은 남북 왕조가 멸망하고 나서 남쪽의 혈통이 순수하게 유지된 것도 아니고, 북쪽의 제 부족이 모두 사라져버린 것도 아니라는 것이다. 히브리인의 피는 그 경위와 농담의 차이는 있지만 남과 북 양쪽 모두 확실히 연결되어 있다.

제 3 부
기적의 땅 갈릴리

1. 갈릴리에 나타난 예수

카이사레이아, 아코에서 레바논 국경으로
여름 휴가 기간중 직장 동료 세 가족과 함께 시원한 북부지방을 3박4일 코스로 여행하기로 했다. 첫날은 지중해 연안의 카이사레이아, 아코, 로시하니크라 순으로 돌아보기로 했다. 그후 레바논 국경 근처 최북단의 메트라를 방문하고 나서 갈릴리 호수(구약시대에는 긴네렛 바다, 신약시대에는 게네사렛 호수로 불렸다)로 돌아와 예수의 사적을 둘러보기로 했다. 이틀째는 갈릴리 주변의 유대교에 관한 사적을 보고 나사렛까지 가보기로 했다. 사흘째는 골란 고원을 북에서 남으로 종단하고 요르단 계곡에 있는 베트 쉐안이라는 로마 유적을 방문하기로 했다. 마지막날은 가족들에게 서비스도 할 겸 훌라 호 주변에서 물놀이를 가기로 했다.

▲ 카이사레이아 유적지에 있는 빌라도 기념비

오전 10시 정각 세 대의 차로 텔아비브에서 2번 도로를 타고 북쪽으로 출발했다. 카이사레이아까지는 1시간도 걸리지 않았다. 못으로 둘러싸여진 십자군 요새 앞에 있는 입구로 들어갔다. 원래는 페니키아식 항구였던 것을 헤로데 왕이 로마식 항구로 재건했다.

유적은 중심부분의 성벽으로 둘러싸인 십자군 시대의 도시와, 바깥쪽으로는 헤로데 시대의 도시와 성벽이 있다. 그리고 그 바깥쪽으로 비잔틴 시대의 성벽이 있다. 과거의 위대함에 비교해 십자군은 소극적으로 도시를 재건했다. 따라서 로마 시대의 수도교와 원형경기장은 십자군 시대의 도시에서 조금 떨어진 장소에 위치하고 있었다. 게다가 아직 본 적은 없지만, 기록상으로는 로마의 원형극장 반대편에 그리스의 원형극장이 있었다고 한다. 그만큼 로마 비잔틴 시대의 카이사레이아는 대도시로서 군림하고 있었다. 그리고 로마의 속주로서 로마 황제의 총독과 군대가 주둔하고 있었다. 예수에게 사형을 선고한 빌라도가 여기에 살고 있었다. 유대인의 반로마 항쟁중 예루살렘을 공략한 티투스 황제(79~81재위. 짧은 재위 기간에도 엄청난 국고를 낭비했던 로마의

◀ 카이사레이아 유적중 로마시대 원형극장

황제. 네로 황제의 뒤를 이은 아버지 베스파시아누스가 시작한 콜로세움을 완성했으며 예루살렘을 공략하여 무자비한 학살과 파괴를 자행했다. 로마 광장에 그의 개선문이 서 있다)의 군대가 출발한 곳도 카이사레이아였다.

카이사레이아는 로마에 우호적인 입장이어서 일찍부터 기독교가 들어왔던 곳이다. 처음부터 친로마적인 비유대의 땅이라고 생각하기 쉬우나 서기 66년에는 로마에 대항하는 항쟁이 일어났었다. 그 때 2만 명의 주민이 하룻밤 사이에 살육되었다고 하는 역사가 있었다. 이 사건이 로마에 대한 항쟁의 출발점이 되었다.

십자군 유적 바로 앞은 항구이며 방파제가 있는데 그 위에는 일찍이 요새가 세워져 있었다. 항구를 정면으로 내려다보는 장소에 넓은 땅이 있고 그곳에는 헤로데가 만든 높이 30미터로 추정되는 아우구스투스 신전이 세워져 있었다. 그리고 나중에는 비잔틴교회, 모스크, 십자군교회가 차례차례 세워졌다. 십자군의 성벽과 남쪽에 위치한 원형극장의 중간부분은 현재 발굴이 진행중이며 울타리가 쳐져있었지만 들어가는데 지장이 없었다. 발굴하고 있는 사람들이 제지하는 분위기가 아니어서 자유롭게 돌아볼 수 있었다. 지금까지는 몰랐지만 이 지역에는 로마식 목욕탕이 모여 있었고, 바다 쪽은 경기장 유적이 있었다. U자 형을 한 경기장은 길이 250미터, 폭 50미터로 12단의 관람석이 둘러져있고 1만 명을 수용할 수 있었다고 한다.

십자군 요새에서 북쪽에 위치한 수도교(水道橋)까지 걸어갔다. 가는 도중 잠깐 땅을 보니 모자이크가 있었다. 지금은 시골길이 되었지만 2천 년 전에는 로마인들의 생활공간이었음에 틀림없다. 멀리서 수도교를 보니 깊숙이 들어간 해변 반대편과 이쪽 양 방향으로 수도교가 남아 있었다. 2천 년 사이에 지형이 조금 바뀌어 해변이 조금 들어가게 되고 그 부분만큼 수도교가 파괴되었다. 이 수도교는 가르멜 산자락에서 12킬로미터에 걸쳐 물을 끌어왔다. 카이사레이아에는 내륙쪽에 조금 작은 것이기는 하지만 비잔틴 시대의 수도교도 있다. 이러한 물 공급 시스템을 통해 당시 생활을 실감할 수 있었다. 우리는 수도교 유적 앞에서 수영을 즐겼다. 여기에는 로마 시대의 유적과 해안 리조트가 공존하고 있었다.

현재의 카이사레이아 주변은 해수욕장과 골프장을 완비한 유적이 있는 관광지가 되어 있다. 그리고 동쪽 교외에 고급주택지가 있고 남쪽에 키브츠가 있는 정도여서 이후로도 인구가 늘어날 것 같은 느낌은 별로 들지 않았다.

하이파를 넘어서 조금 더 북상하다보면 왼쪽으로 아코(성서:아꼬) 구시가지 반대편에 구릉유적지 텔이 보인다. 아코 구시가는 지중해로 튀어나온 좁은 곶 위에 세워진 도시로 마치 성벽으로 둘러쳐져 있는 듯한 분위기다. 성지 중에서는 가장 뛰어난 천혜의 항구이다.

아코의 역사에 대해서는 기원전 18세기부터 가나안의 중요한 도시라는 이집트의 기록이 있다. 여호수아의 가나안 입성 때에도 '아셀지파는 아코와 시돈 주민을 몰아내지 못했다. 또 아흘랍, 악집, 헬바, 아빅, 르홉도 차지하지 못하였다'(판관기 1:31)라고 한 것을 보면 아코가 가나안 사람의 도시였음을 알 수 있다. 제1신전시대의 아코는 페니키아의 도시였고 시돈의 세력권

▲ 카이사레이아의 고대 수도교

에 포함되어 있었다. 그러나 헬레니즘 시대에는 번영기를 맞이하여 알렉산드로스 대왕은 아코에 화폐주조권까지 부여했다. 프톨레마이오스 왕조 시대에는 도시의 이름을 왕조명인 프톨레마이오스라고 쓸 정도로 중요한 곳이었다. 도시의 범위도 유적 주변의 좁은 지역에서 현재와 같이 바다 쪽으로 크게 확대되어 있었다. 로마 시대에도 속주로서 번영하였고 원래 비유대 지역이었던 탓에 빠르게 기독교화 되어갔다.

그러나 아코는 십자군 시대에 비로소 정점에 달했던 도시다. 예루살렘의 왕 보두앵2세는 1104년까지 아코를 점령하고 있으면서 십자군 병사와 순례자들의 뒷일을 성 요한 기사단(십자군 시대의 기사단 중 하나로 볼타 기사단이라고도 한다. 템플 기사단, 독일 기사단과 함께 3대 종교 기사단이다)에게 위임했다. 아코는 예루살렘 왕국과 유럽 사이의 교량 역할을 했고 왕국의 운명을 짊어

▲ 티투스 황제의 개선문

지고 있었다. 이탈리아의 도시국가와 통상이 빈번해지자 도시국가들은 자신들의 편의를 위해 아코 안에 자치지역을 만들어 놓기도 했다. 당시 아코는 인구 6만을 넘는 지역 최대의 도시였다고 한다. 덧붙여 십자군 시대의 카이사레이아는 인구 3만이었다. 성지로 이주하는 식민지 인구가 적어서 항상 걱정했던 십자군이었으나 아코만큼은 예외였다. 그러나 하틴 전투에서의 패배를 계기로 아코가 함락되고(1187년7월10일), 예루살렘이 함락되어(동년10월2일) 튀로스만 남고 예루살렘 왕국은 멸망했다.

하틴 전투에서 대패해 포로가 되었던 예루살렘왕 기 드 뤼지냥은 다시 영웅 살라딘에 대항해서 일어섰다. 영국의 사자왕 리차드와 프랑스의 존엄왕 필립의 군대가 원군으로 달려와 3년에 걸친 포위전 끝에 1191년 7월 12일 아코는 다시 십자군의 수중에 떨어졌다. 아코를 수도로 한 명목상의 신생 예루살렘 왕국은 그후로 1세기간 존속했다. 이 사이에도 아코는 번영하여 도시의

▲ 아코의 성벽

크기는 현재의 구시가 세 배 정도가 되고 인구도 더욱 증가했다. 이렇게 약 2백 년간에 걸친 아코의 십자군 시대는 1291년 5월 28일 마물루크 왕조의 투르크족에 패배하면서 완전히 역사에서 사라지게 되었다. 신전 기사단이 용감히 항전했지만 도시는 파괴되었고 주민들은 능욕과 학살을 당했다.

당당한 성지의 중심 도시인 아코는 요한 기사단의 공헌에 경의를 표하는 의미로 생 장 다크르(St. Jean d'Acre)라고 프랑스어로 명명되었고, 도시 안에서는 프랑스어가 통용되었다. 지금도 아코의 지명을 프랑스식으로 아쿠르라고 병기하고 있는 지도와 간판 등도 많다. 아코 구시가의 기본구조는 십자군 시대 그대로이다. 특히 가치 있는 13세기 건축은 기사의 홀, 성 요한 지하성당 등이다.

　십자군이 떠난 후 아코는 소수의 오스만 투르크 수비대가 상주하여 오랫동안 정체되어 있었다. 그러나 18세기 후반에 들어와 오스만 투르크 왕조의 파샤였던 알 자자르에 의해 재정비되었다. 구시가를 둘러싼 육지 쪽의 성벽은 이 시대에 만들어진 것이다. 이 성은 성벽 위에 도로를 만들어 놓은 거대한 성벽으로 1799년 나폴레옹에 의한 6일간의 포위에도 견딜 수 있었다. 또한 녹색의 돔을 가진 알 자자르 모스크도 건립했다. 모든 재물을 다 쏟아 부어 만든 듯한 모스크 벽면의 타일과 샹들리에는 호화스러움 그 자체였다.

　아코는 나폴레옹과도 관련이 깊다. 이탈리아 원정으로 대단한 활약을 했던 나폴레옹은 영국공략작전 사령관으로 임명되었지만 신중한 검토 결과 영국침공은 무리라고 판단이 되었다. 그래

서 그 다음으로 노렸던 곳이 이집트였다. 이는 예전부터 꿈꾸던 동방 공략의 꿈을 실현시키기 위한 것으로 영국과 인도의 대동맥을 절단하기 위함이었다. 나폴레옹은 1799년2월11일 시리아 방면을 평정하고 아코를 향하여 카이로를 출발했다. 중간지점으로서 중요한 야파를 점령하고 그곳을 출발한 것은 3월 14일이었다. 하지만 병사들 중에는 페스트에 걸린 자들이 많았다. 루브르에 〈야파의 페스트 환자를 돌보는 보나파르트〉라는 괴기한 그림이 있는데 그것은 그 당시의 모습을 그린 것이다.

아코의 아마드 파샤 알 자자르(아랍어로 백정이라는 뜻. 1775~1804재위)는 별명과 같이 학살자로서 흉폭한 지배자였다. 빈민 출신인 그는 카이로와 콘스탄티노플에서 두드러지게 두각을 나타내 드디어 아코의 파샤 위치에 오른 사람이다. 기분이 나쁠 때 기분 전환 삼아 사람들의 코를 베어내고 손을 잘라내었으며, 눈을 파내고 귀와 혀를 잘라내던 인물이었다. 여자들은 경박하다는 이유만으로 생가죽을 벗겼다. 그 악명과 악행은 동방세계에서는 물론 유럽까지 알려져 있었다. 나폴레옹은 적장 알 자자르의 악평과 그 방위체제를 고려해 아코 공략이 그다지 어렵지 않을 것이라고 생각했다. 그러나 현실은 달랐다. 결국 나폴레옹의 집요한 공격에도 불구하고 알 자자르가 통치하는 아코는 함락되지 않았다. 5월 17일 결국 나폴레옹은 아코에서 후퇴하게 되었다. 후퇴하는 도중에도 악몽과 같은 일들은 계속되었다. 상심한 나폴레옹의 군대에 페스트가 창궐했던 것이다. 겨우 무사히 카이로에 귀환했지만 개선장군이 되지 못한 것은 나폴레옹에게 있어

◀ 살라딘에게 포로가 된 예루살렘왕 기 드 뤼지냥

쓰라린 아픔이었다.

성벽에 둘러싸인 아코 구시가지를 돌아보니 그곳 주민들은 모두 아랍계였고, 유대인들은 교외의 신시가지에 살고 있었다. 당연한 이야기이지만 팔레스타인 땅은 이스라엘이 생기기 전에는 아랍 세계의 일부였다. 그러나 아코에 무수히 많은 유산을 남긴 십자군, 즉 기독교 세계가 존재하고 있었다. 결국 아랍계는 지금 이렇게 새로운 주인공인 유대인에 의해 십자군의 유품인 구시가지로 밀려나게 된 것이다. 그러나 아이러니하게도 아코와 야파 등지의 아랍계에는 기독교도들도 많이 있었다.

긴장감이 감도는 레바논 국경

아코를 넘으면 교통량은 갑자기 격감한다. 그 이북으로는 국경까지 큰 도시가 없기 때문이다. 30분도 가지 않아서 국경부근에 도착했다. 왼쪽으로 국제연합군의 캠프가 보였기 때문에 이제 목적지가 머지 않았다는 생각이 들었다. 고갯길을 올라가니 주차장과 휴게소, 그리고 언덕 위에 있는 감시 레이더가 보이고 조금 더 가니 이스라엘 최북단 로시하니크라에 도착했다.

휴게소 앞까지 가보니 게이트가 설치되어 있고 이스라엘 레바논 국경이라는 표지판이 보였다. 국제연합군 병사가 주위를 지키고 있었다. 어깨 휘장을 보니 폴란드 병사인 모양이었다. 게이트 건너편은 급한 경사이고 레바논 해안까지 이어져 있었다. 게이트 앞쪽에 사복을 입은 몇 명의 군무원 같은 사람이 있어서 이야기를 나누어보니 같은 아시아 사람인 피지 병사들이었다. 피지는 국력이나 인구에 비해 국제연합군(PKO) 활동에 커다란 공헌을 해왔다는 것은 이미 잘 알고 있었다. 그들의 노고를 이곳 레바논 국경에서 우연히 실감하게 되었다. 남부 레바논까지 영역을 담당하는 PKO은 국제연합 레바논임시주둔군(UNIFIL)이라 불리고 있다. 아주 평화로운 골란 고원과 시나이 반도와는 달리 이 UNIFIL은 '위험한 PKO'라고 한다. 미사일 포격을 포함해 매월 30건 이상의 충돌사건이 일어나고, 항시 임전태세에 임해야 하는 곳이 레바논 남부이다.

UNIFIL은 원래 이스라엘군과 남부 레바논에 위치하고 있던 PLO와의 분쟁을 감시하기 위해 남부 레바논에 파견한 부대이다. 그러나 시대가 변하여 PLO는 체니스를 거쳐 팔레스타인으로 귀환하고 팔레스타인 평화의 당사자가 되었다. 그러나 레바논 국경에 이스라엘 측이 설치해 놓은 안전보장지역을 사이에 두고 이스라엘 군대(IDF), 친이스라엘적인 남 레바논군과 히즈보라라고 불리는 레바논의 시아파 저항조직 간에 꽤 빈번한 전투가 발생하고 있다.

레바논 국경 건너편의 남 레바논 안전보장구역의 생활은 매우 재미있는 것 같다. 이 구역은 레바논 면적의 9%에 달하고 그곳에 2만 명의 주민이 살고 있다. 그 중 55%는 시아파, 25%는 기독교, 10%가 드루즈족으로 나머지가 수니파의 이슬람교도 베드윈족이다. 이 구역의 치안은 IDF와 이스라엘의 재정지원을 받고 있는 기독교도인 SLA가 담당하고 있다. 주민들은 레바논국적을 가지고 있지만 구역 밖으로 나가기 위해서는 SLA가 발행한 신분증명서가 필요하다. 이스라엘은 원칙상 주민에게는 레바논의 행정서비스를 받도록 장려하고 있지만 한편으로는 독자적인 의료 서비스와 재정지원을 포함한 다른 민생 서비스를 주민들에게 제공하고 있다. 레바논도 주민의 지지를 계속적으로 받기 위해 행정서비스를 적극적으로 확대하는 한편 이스라엘과 관계를 가지고 있는 주민들에 대해서는 블랙리스트에 올리는 등 견제책도 쓰고 있다. 그러나 결과적으로는 두 계통의 행정기관이 경쟁하듯 인프라 구축에 나섰기 때문에 도로와 하수도, 공공시설 등이 생활수준과는 걸맞지 않게 훌륭하게 만들어지고 있다.

히즈보라와는 항상 전투가 벌어지고 있지만 안전보장구역 안에 들어오게 되면 목가적인 분위기로 바뀐다. 따라서 주민들과 군대와의 전투는 거의 벌어지지 않는다. 이 구역의 학생들은 레바논의 대학입학 자격시험을 치르며, SLA를 구성하는 기독교도들의 학생은 주로 프랑스어로 교육을 받는다. 그러나 이스라엘과의 밀월을 반영하듯 히브리어도 공부한다고 한다.

원래 기독교 병사들로 구성되어 있던 SLA이지만 현재는 시아파 병사의 비율도 30%에 달하고 팔레스타인 병사도 늘어났다고 한다. SLA관계자에게 있어 이스라엘의 철수는 악몽과 같은 일이며 이미 동족으로부터 배반자로 낙인찍히기 시작했다. 이스라엘이 레바논에서 철수하는 날도 머지않아 찾아올 것이다. 그 때는 안전보장구역 안의 생활은 어떻게 될 것인가.

긴장감이 감도는 레바논 국경을 눈앞에 두고 이야기가 다른 길로 가는 것 같지만 휴게소에 설치된 케이블카를 타고 바다 쪽으로 내려갔다. 12세겔을 지불하고서 스위스 회사가 건설한 케이블카를 타고 밑으로 내려갔다. 놀랍게도 아름다운 해안 암석 지대가 관광지로 개발되었을 뿐만 아니라 예전에 하이파와 베이루트를 연결했던 기차 터널도 있었다. 오히려 폐허가 된 철도가 최고의 관광상품이 되고 있었다. 이스라엘 측 터널은 평화의 터널이라고 이름이 붙여져 있었고 그 안에서는 3차원 비디오가 상영되고 있었다. 비디오에 의하면 터널은 영국이 제2차 세계대전중에 뚫은 것으로 1948년 이스라엘 독립전쟁중 레바논의 침입을 막기 위해 이스라엘에서 철도 레일을 파괴했다고 한다. 그러나 전쟁 후에는 카이로에서 레바논까지 이어지고 있었을 뿐만 아니라 터어키와 유럽까지 연결되어 있었다. 이 철도가 전지역에 걸쳐서 운행된 것은 아니지만 이것은 놀랄만한 사실이다. 철도가 끊겨있는 지금의 상태는 거의 문명의 퇴화라고 말할 수도 있다. 카이로와 이스라엘간은 1948년까지 운행하였다고 한다. 과거에 개통했던 철도를 재건해 아름다운 지중해 해안선을 따라 텔아비브에서 베이루트를 달리게 될 날이 올 수 있을까?.

케이블카를 타고 휴게소로 돌아와 이번에는 차를 타고 구릉 위까지 가보기로 했다. 1분도 안 되어 정상에 도착했다. 이곳에도 게이트가 설치되어 있고 건너편에는 장갑차가 당당하게 서 있었다. 차로 다가가자 즉시 기관총을 든 이스라엘 병사가 달려왔다. 이곳에는 주차할 수 없다고 해서 차를 돌릴 수밖에 없었다. 로시하니크라 해안의 레바논 국경만으로는 만족할 수가 없어서 동쪽 내륙으로 들어가 국경지대를 탐색하기로 했다.

평화로운 국경검문소 굿 펜스

로시하니크라에서 조금 남쪽으로 가면 교차로가 나오는데 그곳에서 동쪽 내륙으로 향했다. 슈로미에서 다시 국경으로 접근하기 위해 북쪽으로 방향을 틀었다. 도로는 갑자기 오르막길로 변하고 고원을 향해 올라갔다. 하니타라는 고원에 있는 마을에 도착했다. 북쪽에 보이는 고개 건너편이 레바논이다. 마을은 마치 폐허가 된 것처럼 쥐죽은 듯이 조용했다. 가는 곳곳마다 울타리와 감시대가 설치되어 있어 전운이 감도는 국경 마을 같은 인상을 주었다. 차를 타고 돌아봐도 사람들의 모습이 하나도 안보였다. 정말 기분 나쁜 마을이었다.

기분이 너무 이상한데다가 안 좋은 일에 휘말려들 것 같은 예감이 들어 산길은 포기하고 평야의 큰 도로를 이용해 동쪽으로 가기로 했다. 90번 도로를 타고 북상하여 크리야트 시모나를 넘어 메트라를 향했다. 오늘은 끝까지 레바논 국경지대에 연연하고 있는 것 같다.

90번 도로는 엘라트에서 팔레스타인 서안지역을 통과해 갈릴리 호반을 지나 북단 레바논 국경까지 연결된 도로이다. 장차 중동평화가 이루어지면 이집트, 요르단, 이스라엘, 레바논, 시리아, 터어키 등을 연결하고 아프리카와 아시아, 유럽을 잇는 간선도로의 일부가 될 것이라고 한다.

험한 비탈길을 달려 올라가니 메트라가 나타났다. 빨간 지붕의 집들이 언덕 위에 밀집된 유럽풍의 마을이다. '굿 펜스'라는 교통표지판으로 국경부근이라는 것을 판단할 수 있었다. 북쪽으로 조금 달리자 국경 검문소, 즉 굿 펜스에 도착했다. 주차장과 매점이 완비되어 있고 꽤 많은 이스라엘 사람들이 놀러와 있었다. 레바논, 이스라엘 국경인 게이트 건너편에는 이스라엘 병사가 총을 들고 있었지만, 같은 국경인데도 로시하니크라 국경 근처

와 같은 긴장감은 없어보였다.

　화약냄새 자욱한 레바논 국경이지만 굿 펜스만은 조용하고 긴장감이 없는 국경이다. 매일 아침 이스라엘로 출근하는 레바논 사람들이 검문소를 통과한다고 한다. 매점 뒤쪽으로는 국경을 구성하는 불과 수 미터 넓이의 무인지대를 따라 기념비가 만들어져 있다. 눈앞에 보이는 마을은 레바논의 아랍풍 마을이지만 국경지대의 긴장감을 전혀 느낄 수 없었다. 머리에는 종교인의 표시인 킷파를 쓰고 티셔츠와 반바지 차림의 이스라엘 아저씨가 레바논 측에서 열심히 일을 하고 있었다. 그리고 이쪽에서는 이스라엘 병사가 아가씨와 사랑을 속삭이고 있는 모습이 보였다.

국경 도시 메트라의 변천사

　메트라가 57인의 유대인 정착민에 의해 만들어진 것은 1896년의 일이었다. 에드몬드 드 로스차일드가 아욘 계곡이 바라보이는 곳에 토지를 구입하였고, 이어서 정착민들이 이주했다. 이곳은 땅이 척박하여 개간하는데 애를 많이 먹었으며, 20년이 지나도 주위에 다른 유대인 정착촌이 없었다. 메트라는 겨울이 되면 홍수가 자주 일어나 주변에서 고립되는 일이 많고, 게다가 식수는 당나귀를 이용해 계곡에서 길어다 먹지 않으면 안 되었다.

　제1차 세계대전이 끝나고 영국이 이 지역의 감독권을 갖게 되었을 때 정착민들은 영국이 발포아 선언을 이행하여 이곳에 유대인 국가가 세워지기를 기대하고 있었다. 그러나 역사는 생각지도 못한 방향으로 흘러갔다. 실은 전쟁이 끝나기 전부터 영국과 프랑스는 이 지역을 분할하기로 은밀히 조약을 맺고 있었던 것이다.(사이크스 피코 조약. 1916년) 그리고 새로운 경계는 남부의 로슈피나의 북단을 경계로 하여 메트라를 시작해 다른 세 곳의 정착촌은 프랑스 지배하에 들어가게 되었다. 그러나 불행스럽게도 프랑스 지배하에서 아랍인들의 반란이 일어나 정착민들의 안전이 위협받게 되었다.

　1920년 3월 정착지 중 하나인 텔하이에서 아랍인들의 반란이 발생해 유대인 대다수가 피난하는 상황이 일어났다. 메트라 정착촌과 아랍인들과의 관계는 항상 복잡했다. 텔하이에서 반란이 발생한 후 모든 유대인이 비교적 평온한 영국의 지배지역으로 간 것은 아니다. 일부는 레바논 기독교도의 아랍인 마을로 도망간 사람도 있었다. 텔하이 반란 6개월간 메트라 주민들이 정착촌을 떠나 있는 동안에 주거지와 밭들은 파괴되어 황폐해져 있었다. 텔하이 대반란에서 '국가를 위해 죽을 수 있다면 행복한 일이다' 라는 이스라엘 건국사상 유명한 말을 남긴 요세프 트룸펠도르라는 영웅이 나왔다.

텔하이 대반란의 결과 국경이 재차 변경되었고, 1922년 국제연맹의 결정에 의해 메트라는 영국의 위임통치령 팔레스타인에 포함되었다. 따라서 그 지역에서는 메트라 지역을 '갈릴리의 손가락' 이라고 부른다. 그후 이스라엘이 골란 고원을 점령하여 메트라 동부와 면하여 메트라의 돌출부분은 그다지 눈에 띄지 않게 되었다. 그러나 골란 고원을 시리아에 반환하게 되면 다시 메트라는 레바논 쪽으로 깊숙이 들어간 지형이 될 것이다.

제2차 세계대전중 비시정권은 레바논과 시리아를 지배하에 두었다. 메트라에 대한 국경침공이 있었기 때문에 영국은 국경경비를 강화하기 위해서 정착촌 가운데 작은 비행장을 건설했다. 1948년 독립전쟁에 의해 정착민들은 드디어 유대국가 안으로 편입되었으나 그 후로도 메트라는 계속적인 변화 속에서 살았다. 1976년 레바논 내전시 국경 너머 고립된 기독교도들을 돕기 위해 이스라엘은 의약품 등을 국경 검문소를 통해 공급했다. 그 이후 국경검문소는 '굿 펜스' 라고 불려졌다. 메트라 사람들은 텔하이 사건 때 레바논 쪽의 이웃들에게 입은 은혜를 갚을 수 있게 되었다. 이스라엘 공산품이 이곳에서 레바논 측으로 공급되고 1600여 명의 레바논 사람들이 국경을 넘어 이스라엘 쪽으로 일을 하러오기 때문이다. 과연 '굿 펜스' 는 우호의 국경이다.

갈릴리 호반의 예수

갈릴리 호반까지 가는 도중에 '산상수훈교회'에 들르기로 했다. 한자로는 '수훈(垂訓)'으로 번역하지만 일반적으로는 'beatitude' (영어로는 'blessed')라는 라틴어이다. 그래서 직역하면 '산상행복교회'가 된다.

호반 북서부에는 예수의 사적이 모여 있다. 갈릴리 호가 바라다보이는 수훈교회에는 대형버스가 항상 주차되어 있어 외국인 방문객이 끊이지 않는다. 교회는 둥글고 빨간 탑을 한 현대적인 건물이다. 공원도 잘 정비되어 있기 때문에 교회라기보다는 전망대 같은 느낌이 든다. 교회 뒤쪽에는 프란시스코회에서 세운 수도원이 있다.

수훈교회는 이탈리아의 종교단체가 1936년에 건설한 것으로

▼ 산상수훈교회

▲ 산상수훈

"나 때문에 모욕을 당하고 박해를 받으며, 터무니 없는 말로 갖은 비난을 다 받게 되면 너희는 행복하다. 기빠하고 즐거워 하라. 너희가 받을 큰 상이 하늘에 마련되어 있다."(마태오 5:11~12)

설계도 이탈리아 사람이 했다. 신약성서에 있는 '마음이 가난한 사람은 행복하다. 하늘나라가 그들의 것이다'(마태오 5:3~11)를 시작으로 여덟 구절을 설교한 장소라고 한다. 그래서 교회의 빨간탑을 8각형으로 디자인하여 각각의 벽에 한 구절씩 기록했다. 그러나 아무리 그 전후의 내용을 열심히 읽어봐도 『성서』에는 수훈 언덕을 말하는 장소에 대해서는 명쾌하게 나와 있지 않다. 교회가 세워진 이곳은 예수가 12사도를 선택한 장소라고도 한다.(루가 6:12~16)

　다음으로 호반까지 가서 물고기가 많이 낚였다는 장소에 있는 '베드로 수위권교회'와 다섯 개의 빵과 두 마리의 물고기로 5천 명을 먹였다는 타브하의 '빵과 물고기 교회'를 순서대로 돌아보았다. 이 교회들은 같은 지역에 있었다. 베드로 수위권교회는 나

▲ 빵과 물고기 교회

무들로 둘러싸여 있고 바위틈 사이에서는 샘이 솟아나고 있어 시원한 느낌이 드는 곳이다. 기적이 일어났을 때 제자들이 가버나움에 쪽배를 띄워놓고 있었기 때문에 이 주변일 것이라고 추측한 것이다. 안으로 들어가면 제단은 커다란 바위로 만들어져 있고 이 바위 위에서 부활한 예수가 제자들과 식사를 했다는『성서』내용이 있다.(요한 21:4~19) 그리고 그 자리에서 베드로의 우위가 인정되었기 때문에 베드로 수위권교회라고 부른다. 중세에 이 교회는 '그리스도의 테이블 교회'라고 알려져 있었다. 현재의 교회는 1934년에 재건한 것이다.

빵과 물고기 교회는 신약성서에서 두 마리의 물고기와 다섯 개의 빵을 5천 명에게 나누어주었던 기적이 일어났던 장소라고 한다.(마태오 14:13~21) 그 자리에 비잔틴식 교회가 세워진 것은 4세기경이었다. 그후 지반 침하로 파손되어 6세기에 재건되기도 했다. 바닥에 아주 훌륭한 빵과 물고기 모자이크가 있는 곳인데,

발굴과정에서 이 모자이크가 발견되어 토지소유자인 베네딕트파의 수도원이 모자이크를 그대로 살려 현재의 교회를 1935년에 건설했다.

다음은 호수를 시계방향으로 돌아 동쪽에 있는 크루시 라는 비잔틴 시대의 교회에 가 보았다. 예수가 악령을 돼지 무리에게 옮기자 돼지들이 일시에 낭떠러지에서 갈릴리 호수로 뛰어들어 빠져 죽었다는 기적을 행한 장소이다.(마태오 8:28~32, 루가 8:26~33) 5세기에 세워진 교회의 기초만큼은 완전히 복구되어 바닥에 모자이크도 남아 있다. 뒷산의 사면을 조금 올라가자 제단도 남아 있었다.

이후 동안에서 가까운 엔 게브의 호수가에서 수영을 했다. 호수 바닥은 돌이 많아 발이 아팠고, 호수임에도 불구하고 파도가 많이 일렁거려 그다지 쾌적한 느낌이 들지 않았다.

어느덧 저녁도 가까워지고 다음날 갈릴리 북부 유적을 보는데 편할 것 같아 메트라에 있는 키브츠 호텔에서 머물기로 했다.

키브츠 호텔인 쿠팔 게라디에 가보니 최근 레바논 국경에서 자주 미사일이 날아오기 때문에 관광객이 별로 없을 줄 알았는데

▼ 베드로 수위권교회

그리고 빵 다섯 개와 물고기 두 마리를 손에 들고 하늘을 우러러 감사의 기도를 드리신 다음 빵을 떼어 제자들에게 주셨다. (…) 사람들은 모두 배불리 먹었다. 그리고 남은 조각을 주워 모으니 열두 광주리에 가득 찼다. (마테오 14:19~20)

의외로 대성황이었다. 잘은 모르겠지만 이것이 레바논과 이스라엘 분쟁의 일면인 모양이다. 이 호텔은 젊은 종업원들이 시원시원해서 기분이 좋았고 저녁식사도 수프에서 주 요리, 와인에 이르기까지 매우 맛이 있었다. 또한 침실도 청결하고 기능적이어서 매우 마음에 들었다.

예수와 함께 하는 갈릴리 순례

다음날 아침은 일찍 일어나 기나긴 하루의 여정을 설계해 보았다. 어제는 갈릴리 호반에서 예수의 행적을 둘러보았기 때문에 오늘은 골란, 갈릴리 방면을 주로 해서 유대교 관련 성지를 방문하기로 했다. 그리고 다시 예수와 관련된 가나, 나사렛을 방문할 예정이다.

우선 90번 도로를 타고 남하해서 도중에 899번 도로인 레바논

▼ 쿠루시 유적

▲ **하초르 유적 전경**

기원전 13세기 후반, 야빈 왕의 장군 시세라를 무너트렸던 이스라엘인들은 하초르를 전소시켰다. 그 후 도시는 솔로몬 왕에 의해 다시 건설되었지만, 기원전 733년 앗시리아 인들에 의해 완전히 파괴되었다

국경도로를 달리는 산길로 접어들었다. 무섭다기보다 오히려 적막감이 감도는 국경도로는 곳곳에 철조망이 둘러쳐져 있었다. 산길을 한참 달려가자 발암이라는 유적지에 도착했다. 훌륭한 국립공원이지만 너무 깊은 산 속이고, 게다가 레바논 국경에 가까운 곳이어서 그런지 아침부터 이곳을 방문하는 사람이 전혀 없었다.

발암은 이스라엘에서 가장 원형이 잘 보존된 아름다운 회당이라고 한다. 확실히 기초만 남아 있는 차원이 아니라 그 원형이 지금도 보존되어 있다. 이 지역은 예루살렘 붕괴 후, 그리고 발 콕바의 항쟁 전후 잔류 유대인들의 생활중심지였고 2, 3세기에 가장 번성했다고 한다. 이 신전은 그 가운데 가장 중요한 것 중 하나로 사료되기에 충분하다. 회당이라고는 하지만 산중에 있기 때문에 먼 곳을 바라다 볼 수 있는 요새와 같은 기능도 가지고 있다.

발암에서 로슈피나까지 내려와 바로 옆에 있는 하초르(성서:하솔) 유적을 보았다. 이만큼 간선도로에서 가깝고 교통편도 좋은 유적은 처음이다. 이곳은 므깃도 유적과 함께 솔로몬 왕이 건설한 도시다. 원래 솔로몬 왕이 황무지에 세운 도시가 아니라 가나안 시대에서부터 주거지가 있던 곳이다. 그뿐 아니라 가나안 시

대에는 이 지역의 중심도시였다. 『성서』에서 여호수아가 가나안 땅을 정복하는 과정에 '여호수아는 돌아오는 길에 하솔을 공략하고 그 왕을 칼로 쳐죽였다. 일찍이 하솔은 이 여러 왕국의 종주국이었다. 숨쉬는 것이면 모조리 칼로 쳐죽였다. 코에 숨이 붙어 있는 것은 하나도 살려두지 않았다. 그리고 하솔에 불을 질러버렸다' (여호수아 11:10~11)라고 쓰여져 있다.

이곳은 이스라엘에서 가장 큰 규모의 유적 중 하나이고 완만한 구릉 전체가 유적으로 구성되어 있다. 아니 정확히 말하면 베들레헴 근교의 헤로디온과 같이 구릉 위에 유적이 있는 것이 아니라 유적이 구릉과 같은 형태를 만들고 있는 것이다. 솔로몬 시대를 거쳐 이스라엘 왕국 시대에도 중심도시로서 번성하였고 기원

▼ 발암의 회당

전 9세기에는 아합 왕이 신전과 지하저수지를 완비했다. 이 저수지는 계단을 내려가면 들어갈 수 있다. 저수지도 또한 그렇지만 건설자가 솔로몬 왕이어서 그런지 므깃도와 아주 비슷한 분위기를 자아낸다.

이제 슬슬 갈릴리 호반 방향으로 돌아가자. 90번 도로를 타고 남하해서 호반에 도착하기 전에 왼쪽으로 가면 코라진 유적이 있다. 완만한 사면에 펼쳐진 다섯 구역의 중심부에 회당이 자리 잡고 있다. 이 유적은 유적자체도 그렇지만 그곳에서 바라보는 갈릴리 호수의 모습이 아주 멋있다. 더욱이 바로 앞에 호수 면이 펼쳐져 있는 듯한 착각에 빠질 정도로 절경이다. '갈릴리 호수 푸르른 산자락에 바람은 향기로운데 주 예수 엎드려 기도 드리네' 라고 찬미가로 불려진 것은 이런 전경을 이야기하는 것은 아닌지.

그런데 얄궂게도 이 주변의 돌은 현무암으로 검은색인데 유적도 검은 유적으로 다른 곳에서는 그 예를 찾아볼 수 없는 느낌이다. 예수가 베싸이다, 가버나움(성서:가파르나움)과 함께 이 코라진을 '코라진아 너는 화를 입으리라. 베싸이다야 너도 화를 입으리라. 너희에게 베푼 기적들을 띠로와 시돈에게 보였더라면 그들은 벌써 베옷을 입고 재를 머리에 들쓰고 회개하였을 것이다'(마태오 11:21, 루가 10:13)라고 비판하고 있지만 일순 납득할 수 있는 분위기를 가지고 있다. 갈릴리 지방의 회당의 예와 같이 이곳도 3, 4세기경 이후 건설되었다. 고대부터 생긴 길은 호반에서 산 사면을 따라 올라가 신전 옆을 통과해서 그 위로 계속 이어져 있다. 검은 석재가 나뒹굴고 있는 모습으로는 상상할 수 없지만 이 유적은 만들어진 이후 계속해서 주민이 살고 있었고 금세기 초까지 주민이 살고 있었다고 한다.

오늘은 지금까지 회당에 대해서 살펴보았기 때문에 보는 김에 호반으로 내려가 가버나움도 보기로 했다. 갈릴리 호반에서는 제일 유명한 회당으로 관광객도 많다. 규모로 보면 아주 큰 유적이다. 회당으로도 유명하지만 오히려 예수가 이곳을 본거지로 해서 포교활동을 하고, 많은 기적을 행한 장소이기도 하다. 그리

▼ 가버나움의
회당

▲ 세베르스 회당의 모자이크

고 베드로의 집이 있던 곳으로 기독교 사적으로서 일반적으로
잘 알려져 있다. 갈릴리 호반을 드라이브하고 있으면 예수의 행
적을 찾아 걸어서 순례를 하는 기독교인들을 만날 수 있다. 그들
은 모두 가버나움에 있는 예수의 행적을 찾아 들르는 것이다. 아
이러니하게도 예수는 이곳에서의 포교가 제대로 이루어지지 않
자 심하게 분개했다.(마태오 11:23) 현재 베드로의 집터에 세워
진 교회는 큰 지붕공사가 한창 진행중이다. 회당이라고는 하지
만 두꺼운 원주와 콘크리트로 된 기둥머리 등은 초심자의 눈에
도 마치 로마 유적처럼 보이는 유적이다.

점심시간이 다 되어서 호반도시 티베리아스에서 점심식사를
하기 전에 남부 교외에 있는 하마트 티베리아스라는 교회 유적
지를 둘러보았다. 이 주변은 헤로데 안티파스(BC21~AD39. 유
대왕으로 헤로데 왕의 아들이다. 예수가 선교활동을 할 때 갈릴리 지방
을 다스렸다)에 의해 서기 20년 티베리아스가 건설되기 이전부터
이미 로마인에 의해 온천이 발견되어 개발한 곳이다. 이 주변에
서는 17개소의 온천이 솟아나고 있다고 한다. 회당은 영국통치
시대에 티베리아스와 체마크(갈릴리호 남단 도시)사이의 도로를
건설하고 있을 때 발견했다. 특히 4세기에 건설한 것으로 보이
는 세베르스 회당 모자이크가 유명하다. 윗 부분에는 일곱 개
의 촛대와 함께 성스러운 언약궤가 그려져 있고 아래 부분의
성좌도에는 마차에 탄 태양신 헬리오스가 그려져 있어 헬레니
즘의 영향을 강하게 받은 듯하다. 사용되고 있는 언어는 주로
그리스어와 예수의 모어(母語)로서 유명한 아람어이다.

시간이 정오를 넘었기에 갈릴리 호반의 중심도시 티베리아스

▲ 혼인잔치 기념교회

에 돌아와 점심식사를 했다. 건너편에는 골란 고원이 툭 튀어나와 있는 것이 보였다. 그리고 호수에는 윈드 서핑을 즐기는 사람도 있고 유람선이 떠 다니는 것을 보니 평화로운 느낌이 들었다.

점심식사 후 77번 도로를 타고 서쪽을 향하여 나사렛 방면으로 출발했다. 티베리아스에서 해발 제로 지점을 향해 고개를 오

▲ 가나의 혼인 잔치   조토(1266~1337)

그들이 여섯 항아리에 물을 가득 채우자 예수께서 "이제는 퍼서 잔치 맡은 이에게 갖다 주어라" 하셨다.
하인들이 잔치 맡은 이에게 갖다 주었더니 물은 어느 새 포도주로 변해 있었다. (요한 1:7~9)

르는데 이 주변이 또한 중요한 곳이다. 이곳에서 1187년 십자군이 살라딘의 아랍군에게 패배하여 예루살렘을 넘겨주게 되었다.

77번 도로에서 남쪽으로 향하는 754번 도로로 들어섰다. 나사렛에 도착하기 직전에 조그마한 마을을 통과하는데 마을 이름이 가나이다. 마을 중심에 있는 광장에서 장이 서고 있었다. 귓가에 들리는 말들을 들어보니 이곳도 순수한 아랍 마을이었다. 이곳에서 예수가 결혼식이 있던 날 물을 포도주로 바꾼 첫 번째 기적을 행한 곳이다.(요한 2:1~11) 베로네세(1528~1588. 이탈리아 화가)와 보스(1602~1676. 프랑스 바로크 시대의 화가, 건축가)의 '가나 혼례' 라는 그림에도 그려져 있는 이야기다. 이곳은 이미 3세기경부터 순례지 중 하나였었다고 한다. 프란시스코회 교회와 그리스정교 교회가 서로 맞붙어 지어져 있었다. 전자는 쾰른 대성당에 있는 기적이 행해졌을 때 사용되었다는 물 항아리 복제품을 성당 지하실에 장식하고 있었다. 그리고 후자도 진짜 물 항

아리라는 것을 두 개나 가지고 있지만 그것은 세례용 성수반으로 생각되어진다. 이와 같이 교회에서는 서로 예수에 관련된 신성한 물건을 모시고 있다.

가나를 통과해서 고갯길을 올라가면 나사렛이 나온다. 이곳의 중앙에 있는 것은 성모마리아의 수태고지(受胎告知)교회이다. 이 것은 1967년 건설된 현대식의 거대한 건물로서 한 눈에 알아볼 수 있다. 지하에 해당하는 동굴 예배당이 마리아의 방으로 대천사 가브리엘에게서 메시아를 잉태한다는 암시를 받은 장소다.(루가 1:26~38) 재미있는 것은 이 교회 옆에 예수의 부친인 요셉의 일터가 있었던 성 요셉 교회가 있다. 교회 지하에는 구멍이 나 있고 그곳이 목공일을 하던 곳이라고 한다. 나사렛에는 예수가 유년시절을 보냈다는 집이 있는데 여기도 동굴이다. 베들레헴에 있는 예수가 탄생한 장소도 동굴로 되어 있는 것으로 보아 당시는 동굴생활을 하고 있었던 것 같다.

'나사렛 30년 세월 주님은 하나님의 영광 속에 저 푸른 하늘과 같이 청명하게 젊은날을 보내셨도다'. 예수와 인연이 깊은 이 도시는 현재 이스라엘에 있지만 구릉지에 위치한 갈릴리 지방 최대의 아랍인 도시이다. 예수 시대의 나사렛은 도대체 어떤 마을이었을까. 확실한 것은 당시의 나사렛은 아주 작은 마을에 지나지 않았다고 한다. 현재 60킬로미터 정도 떨어진 곳에 유적이 복원되고 있는 도시가 당시 이 지역의 중심도시였다. 예수의 포교활동이 고향인 나사렛에서는 잘 되지 않아 갈릴리 호반에 있는 가버나움으로 활동기반을 옮겼던 것이다.

생각해 보면 이 지역의 역사는 역설의 역사이다. 예수와 인연

▲ **수태고지**　조토(1266~1337)

그러자 천사는 다시 "두려워 하지 말라. 마리아, 너는 하느님의 은총을 받았다. 이제 아기를 가져 아들을 낳을 터이니 이름을 예수라 하여라."(루가 1:30~31)

이 있는 베들레헴, 나사렛, 예루살렘은 현재 아랍인들이 거주하는 곳이다. 유대인이 역사를 이루어왔던 유다, 사마리아 지방, 갈릴리 지방은 이스라엘이라고 하지만 아랍인들의 밀집지역이다. 역으로 말하면 본래 아랍인 밀집지역이었던 하이파, 야포, 나사렛, 예루살렘이 이스라엘의 지배하에 놓이게 된 것이다. 이와 같이 모든 것이 역설적인 상황이다. 이스라엘 평화문제를 연구하고 있는 사람 중에는, 농담 삼아 이스라엘과 팔레스타인의 영토를 트럼프 놀이처럼 서로 교환하면 아주 쉽고 바람직할 텐데하는 사람도 있다.

오늘밤은 호반 도시 티베리아스에서 보내기로 했기 때문에 일찌감치 숙소로 가기로 했다.

풍요로운 골란 고원

이스라엘 체재중 나는 동료들 사이에서 골란 고원을 좋아하는 인물로 통하고 있었다. 사실 골란 고원은 이스라엘에서 가장 아름다운 장소라고 생각하며, 드라이브하기에도 아주 쾌적한 곳이다. 사흘째인 오늘은 내가 골란 고원을 안내하기로 했다. 내가 세운 오늘의 일정은 나무숲과 시냇물이 아름다운 텔 단, 드루즈의 갈라져버린 마을 '외침의 언덕', 비무장지대 안에 있는 시리아인 마을 크네이트라, 온천이 있는 하마트 가델, 그리고 로마 유적이 있는 베트 쉐안을 순서대로 돌아보려고 한다.

아침 9시에 티베리아스 호텔을 출발했다. 90번 도로를 타고 북상하면 골란 고원의 북단을 향하게 된다. 레바논 국경 근처에 있는 크리야트 시모나를 지나서 골란 고원을 향해 동쪽 방향으

로 달렸다. 한동안 평원을 달리고 있으면 주위에 군사시설과 키브츠가 보인다.

얼마안가 텔 단 공원이라는 간판이 보여서 왼쪽의 작은 길로 들어갔다. 넓은 주차장이 완비된 자연공원으로 안에 들어가 보니 숲 속에 시냇물 같은 것이 흐르고 있었다. 이것이 단 강으로 요르단 강의 원류 중 하나다. 이곳은 메마른 땅이란 이미지와는 아주 다른 곳으로 숲과 물이 넘쳐흘렀다. 산 속의 시냇물과 비슷한 느낌이 드는 곳이다. 단(Dan 이스라엘 12지파의 하나)이라는 이름은 이스라엘에서는 대단히 중요한 명칭으로, 히브리 민족에게 약속한 가나안 땅이란 북쪽의 단에서 남쪽으로는 브엘 세바까지다. 인접국인 요르단이란 명칭도 '단에서 내려간 지역' 이라는 의미를 가지고 있다. 또한 갈릴리를 중심으로 포교활동을 했던 예수가 가장 북쪽까지 왔던 지역은 시돈을 제외하고는 단 주변이었다.

주차장 바로 근처에 중기 청동기 시대 특유의 토성이라고 하는 유적이 있다. 높이는 18미터로 구릉유적지 텔을 네 방향으로 둘러싼 성벽이 있었다.

　이 지역은 기원전 11세기 초엽에 이스라엘 12지파의 일족인 단지파에 의해 정복되었다. 통일왕국 시대를 거쳐 이스라엘 북왕국 시대, 로마지배 시대에도 번영을 누렸다. 특히 북이스라엘 왕국 시대는 유실되어진 예루살렘의 성소를 대신하는 성소가 남쪽의 베텔과 북쪽의 단에 만들어졌다. 그리고 이 시대에 성벽과 성문이 만들어졌다. 텔의 정상에 서면 주변의 숲뿐만 아니라 훌라 계곡까지 바라다볼 수 있다.

　텔 단에서 조금 골란 고원 방향으로 올라가면 바니야스에 도착하는데 요르단 강의 원류 중 하나다. 이곳에는 헤르몬 산의 눈이 녹은 물이 솟아 나오는 샘물이 있고 지금은 국립공원으로서 많은 사람들이 찾는 곳이다. 헬레니즘 시대에는 그리스의 목축신

텔 단에서 발굴한 비문 ▲
다윗 왕조에 대해 언급한 부분이 있다.

판을 제사지낸 신전이 있고, 지금까지도 복원이 진행되고 있는 벽면에는 그리스 문자가 뚜렷하게 남아 있다. 그리스 시대는 필립보 카이사레이아라고 불렸다. 숲 속에서 많은 아랍인들이 가족끼리 피크닉을 즐기는 모습이 보였다. 이 주변은 영국 위임통치 시대의 국경과 휴전선이 있는 지역으로 장래 골란 고원 반환 시 논쟁의 소지가 있다.

바니야스부터는 아주 험한 비탈길이 시작된다. 그리고 2개의 다리가 있는데 1차선만 있다. 다리는 쇠로 된 구조물 위에 나무를 얹어 놓은 것으로 전쟁시 가교와 같은 기분이 들어 가슴을 졸이면서 다리를 건넜다. 유사시에는 다리를 폭파시켜 통행불능 상태로 만들 수 있을 것이다. 왼쪽 산꼭대기에는 반 정도 부서진 이상하게 생긴 건물이 있었다. 지도를 보니 님로드 요새였다. 밑에서는 그다지 크게 보이지 않았지만 막상 요새에 접근해 보니

▲ 골란 고원 경사에 있는 요새화 된 마을 가마라의 회당 발굴지 (BC1C~ AD1C)

그 위용이 대단했다. 오늘은 들르지 않을 예정이지만 님로드는 이스라엘 최대의 십자군 요새였고 이슬람 세력과 쟁탈전이 끊이지 않았다고 한다. 2년 동안의 이스라엘 체재중 이스라엘 속의 로마, 혹은 십자군과 관련된 유적들이 나의 중요한 관심사가 되었는데 바로 님로드 요새 때문이다.

아름다운 드루즈 마을

님로드 요새에서 조금 더 산악지대로 들어가면 헤르몬 산 스키장 입구에 해당하는 조그만 마을에 도착한다. 산 속에는 커다란 스키장이 있다. 지도상으로는 이 주변이 골란 고원 최북단이다. 이 주변은 이스라엘에서 연간 강수량이 가장 많은 곳으로 겨울철에는 눈이 꽤 많이 내린다. 95년에는 5월 하순까지 눈이 남아

있었다. 지금은 스키장에 용무가 없기에 차를 되돌려 드루즈 마을을 방문하기로 했다. 도중에 엔쿠니야라는 드루즈 마을 옆을 지나갔다. 드루즈 사람들은 모세의 의붓아버지의 형제인 샤프와 나가 매장되어 있다고 믿는 장소이다. 헤르몬 산 기슭에 자리잡은 마을을 멀리서 보니 매우 아름다웠다.

다음은 우리들의 목적지 중 하나인 마쥬달 샴스라는 작은 마을로 향했다. 시리아와 레바논에 광범위하게 분포되어 있는 이슬람 일파인 드루즈족이 살고 있는 골란 고원 최북단 마을이다. 마을 근처의 계곡이 군사분계선이고 여기까지가 이스라엘 관할지역이다. 그리고 계곡 너머로 시리아와의 사이에 잠정적인 경계선이 설치되어 있다. 경계선을 사이로 분단되어진 드루즈 동포들은 '외침의 언덕'이라는 곳에 모여 확성기를 손에 들고 언덕 위에서 서로 이야기를 주고받는다고 한다.

마을에서 '외침의 언덕'을 찾지 못해 차를 타고 우왕좌왕하고 있었는데 어떤 젊은 남자가 친절하게도 언덕까지 동행해 주었다. '외침의 언덕'에 가보니 눈앞에 시리아의 언덕이 보이고 하얀 감시대가 보였다. 민가는 거의 보이지 않지만 경계선이 계곡으로 되어 있지 않았다면 양측이 하나의 생활공간이 되었을 것은 쉽게 알 수 있었다.

마지드라는 그 청년은 학교 선생인데 그의 집에 들려서 커피를 대접받기로 했다. 드라이브중이라 시간적으로 여유가 있어 그의 집 2층 테라스에서 잠시 이야기를 나누었다. 당연한 이야기이겠지만 그의 의식 속에는 시리아인의 사고방식을 그대로 가지고 있었다. 나도 그 때까지 시리아에 가본 적은 없지만 지금 이렇게 시리아 사람을 만나 이야기를 하고 있으니 조금 이상한 느낌이 들었다. 1967년 이후 이곳은 이스라엘 영토가 되었기 때문에 그는 아랍어뿐만 아니라 히브리어도 말할 수 있었다. 전화도 이스라엘 국내 어느곳이건 직접 통화가 가능해졌다. 그럼에도 대다수의 주민들은 이곳이 하루빨리 시리아에 반환되기를 기원하고 있었다. 그는 관습상 드루즈 여성과 결혼해야 하기 때문에 아직 독신이라면서 조금 걱정스러운 표정을 짓고 있었다. 그런데 축구 이야기가 나오게 되자 눈을 반짝이며 일본에서 활약하고 있는 유명 외국인 선수들의 이름을 차례차례 거명해 갔다. 과연 축구는 세계인의 공통 관심사인 모양이다.

비무장지대의 무인촌 크네이트라

10킬로미터 정도 남쪽으로 내려오자 크네이트라라는 마을에 도착했다. 마을에 도착했다고는 하지만 다소 설명이 필요한 마을이다. 1967년 제3차 중동전쟁에서 이스라엘은 시리아 영토인 골란 고원을 획득했다. 오일쇼크를 유발시킨 73년 제4차 중동전쟁 결과 74년에는 시리아와의 사이에 군사충돌방지협정이 맺어져 정전(停戰)을 감시할 목적으로 PKO가 파견되었다. 이 협정으로 남북 60킬로미터에 걸쳐 비무장지대가 가는 띠 모양으로 설치되어졌고 크네이트라는 이 안에 있게 된 것이다. 따라서 크네이트라 마을 자체는 들어갈 수 없고, 그 옆을 지나는 도로에서 바라보면 PKO의 주둔지와 크네이트라 마을이 보인다. 관광용으로 작은 전망대가 설치되어 있고 안내 간판도 준비되어 있다. 크네이트라는 원래 시리아 지역이므로 시리아에서는 마을 안으로 들어갈 수 있다. 게다가 시리아 정부는 전쟁의 참화를 후세에 전하기 위해 의도적으로 주민들의 귀환을 인정하지 않고 마을을 폐허 상태로 남겨놓았다.

날씨가 좋은날에는 이곳 전망대에서 헤르몬 산의 모습이 확실히 보인다. 헤르몬 산은 두 개의 다른 지각이 서로 미는 작용으로 인해 밀려 올라온 산이다. 골란 고원이 화산현무암으로 형성된 것에 반해 헤르몬 산은 석회암으로 형성되었다. 헤르몬이란 이름은 그 옛날 높은 봉우리는 신의 장소라고 여겨져 히브리어로 헬렘(금지라는 의미)이라고 불렸던 것에서 유래한다. '하나님의 은혜는 높고도 높고, 아득히 흰 눈 쌓인 봉우리의 아침햇살 향기로운 헤르몬 산 높기도 하구나' 라고 불렸던 것처럼 신의 은혜로 이 땅에 과연 평화가 찾아올 수 있을 것인가. 덧붙여서 시리아와 이스라엘에서 고란 반환이 합의되어 평화가 성립된다면 헤르몬 산에 있는 군사 시설과 스키장은 어떻게 될 것인가 하는 문제가 생긴다. 중동평화의 열쇠를 쥐고 있는 고봉(高峰)이라고 해도 과언이 아니다.

중동전쟁은 아무래도 격렬한 전쟁이라는 이미지가 떠오른다. 그러나 크네이트라 마을은 1967년 6월 6일 격렬한 전투 끝에 이스라엘 수중에 떨어진 것이 아니다. 당시의 국방상 모세 다얀의 회상에 의하면 이스라엘은 시리아와의 전쟁에서 골란 고원을 탈취할 의도는 6월 9일 새벽까지 없었다. 실제로 전날 밤 12시에 이집트의 나세르로부터, 새벽 3시에 시리아로부터 정전 의향이 전달되었다. 그때 크네이트라가 이미 텅텅 빈 상태라는 정보가 들어와서 오전 7시 다얀은 갑자기 골란 진군을 명령했다. 당시 참모총장이었던 고 라빈 전수상은 깜짝 놀랐지만 다얀은 후일 '라빈을 찾았지만 수면중이어서 연락이 안 되었다'고 해명했던 일화가 있다.

자동차로 드라이브를 하고 있었기 때문에 잘 몰랐지만 바니야스에서 골란 고원으로 들어온 이후 우리는 과거의 시리아 지역에 들어와 있었다. 언젠가는 시리아에게 반환될 지역을 지금 아무런 거리낌없이 들어와 있었던 것이다. 장래에 반환될 지역이지만 팔레스타인과는 달리 골란 고원은 이스라엘이 병합조치를 취해서 이스라엘의 법률을 적용하고 있다. 즉 자국의 영토로서 타 지역과 동등한 취급을 하고 있다.

크네이트라에서 비무장지대를 따라 남쪽으로 가면 빨간 지붕의 유대인 신축가옥이 들어서 있는 장소가 있다. 1967년 점령 이후 30군데 이상의 정착촌이 만들어졌지만 골란 고원의 정착민

수는 아직 1만 5천 명 정도에 지나지 않는다.

'모든 창문에서 헤르몬 산이 보입니다. 골란은 당신을 필요로 합니다. 하루만도 아니고, 주말만도 아닌, 영원히' 라는 문구는 골란 고원 키브츠 오르타르의 정착민 모집 광고 문구이다. 짧은 시간안에 와인 양조에 성공하였고, 숙박시설인 B&B, 사과 과수원도 궤도에 올라 있고 다음은 낙농업에도 투자를 하려고 하는 활발한 활동을 하는 키브츠다. 그렇지만 시리아에게 골란이 반환될 가능성이 농후하기 때문에 선전을 통해서라도 새로운 멤버를 모집하지 않으면 안 되는 상황이 되어 버렸다. 불투명한 정치에도 관계없이 유대인들의 지속적인 거주지 확대정책은 팔레스타인뿐만 아니라 골란 고원에까지 이어지고 있다.

　한편 예전에 시리아인들이 살던 폐가와 불에 탄 집들이 곳곳에 방치되어 있었다. 이미 30년 가까이 방치된 것들로 뼈대나 벽만 남은 집들이 많았다. 그리고 이런 집보다 눈에 많이 뜨이는 것은 새로운 지배자인 이스라엘인들이 지은 은폐된 토치카들이었다. 만에 하나 전쟁이 발발할 경우 마을 주민들이 피난하기 위한 것이다.

심심유곡 야르무크 계곡

　갈릴리 호수 남단에 가까운 곳에 비스비스타라는 갈릴리 호수를 바라볼 수 있는 전망대가 있다. 예전에 시리아가 진지를 구축하고 갈릴리 호반을 향해 포격을 했던 곳에 지금은 전망대가 만들어져 있다. 시리아와의 평화를 위한 골란 반환이 화제가 되고 있는 중에 골란을 사수하는 중요성을 나타내기 위한 적당한 장소다. 그곳에서 조금 더 남쪽으로 내려오면 경사가 심한 비탈길로 이어진다. 도중에 협곡에 이르면 눈 아래로는 아득하게 강물이 흐른다. 이 강은 야르무크 강으로 협곡 건너편은 시리아가 아닌 요르단이다. 즉 원래 요르단과 시리아의 국경지대였다. 생각보다는 작은 강으로 시냇물이라 생각해도 좋을 정도다. 자세히 보니 협곡 벽면에 도로가 만들어져 있어 차들이 지나다니고 있었다. 협곡 아래쪽을 보니 오래 된 듯한 철교가 눈에 들어왔다. 적갈색으로 녹이 슬어 있고 여러곳이 파손되어 있었다. 여러 가지로 생각해 봤지만 역시 철도가 아닌가 하는 생각이 들었다. 금세기 최초로 육상교통의 주역은 철도이고 시대상으로도 자동차 전용 교량은 아닌 듯싶었다.

94년 이스라엘과 요르단 사이의 평화조약에 의해 이곳 국경지대의 긴장감은 많이 완화되었지만 도로 옆에 있는 철조망은 어딘지 모르게 두려운 생각이 든다. 그리고 주변에도 다른 곳에서는 보지 못했던 지뢰주의 경고문도 있어 그러한 느낌이 강하게 다가왔다.

깎아지른 듯한 절벽을 내려가니 하마트 가델이라는 관광지가 있어서 잠깐 들러보았다. 정문에 들어서기까지 도로변에 여러 가지 선전포스터가 내걸려 있어 이곳에 동물원과 풀장이 있음을 알 수 있었다. 일종의 유원지인 셈이다. 안으로 들어가보니 온천 리조트가 있었다. 가장 안쪽 하류 근처에 커다란 온천 풀장이 여러 개 있었다. 그 옆에는 타이식 레스토랑이 있었고 타이에서 온 요리사의 모습도 보였다. 이스라엘, 요르단 국경지대까지 오는 태국사람의 생활력은 대단했다. 그곳에서 강을 따라 상류 쪽으로 걸어가니 로마 시대의 유적이 있었다. 목욕탕을 좋아했던 로마인들이 온천을 모르고 지나갈 리가 없었다. 상류 쪽으로 좀더 걸어가자 악어 사육장과 동물원이 있었다. 처음에는 실험삼아 악어를 들여왔는데 사육이 순조롭게 진행되자 지금은 악어가죽을 수출할 정도로 커지게 되었다고 한다.

다시 갈릴리 호수까지 되돌아 왔다. 야르무크 계곡에서 쭉 내려오면 그곳이 갈릴리 호수다. 갈릴리 호수는 해발 마이너스 220미터이다. 남쪽의 사해와는 달리 갈릴리 호수는 담수호이다.

호반 도시 티베리아스의 레스토랑에서 늦은 점심식사를 했다. 이곳에서는 세인트 비타즈 피쉬라는 물고기를 먹어보지 않으면 안 된다. 12사도 중 한 사람인 베드로가 이 고기를 낚자 고기 입

속에 은화가 있었다는 일화에서 복을 가져다주는 물고기가 되었기 때문이다.(마태오 17:27) 튀김을 해서 레몬 즙을 짜서 먹었는데 가시도 많고 별로 맛도 없었다. 우리들은 간장이 없었던 것을 아주 유감스럽게 생각했다. 호반에서 정면으로 보이는 골란 고원을 바라보니 그 모습이 테라스와 같아 아주 멋있게 정리된 듯한 느낌을 주었다.

티베리아스는 그 명칭이 나타내듯이 헤로데의 아들 헤로데 안티파스가 건설하고 당시 로마 황제 티베리우스에 의해 명명된 도시로 나중에는 십자군이 요새로 만들었던 곳이다. 티베리아스는 갈릴리 호수 주변을 순례하는 기독교도에게 있어 중요한 도시이지만 『성서』에서는 그다지 많이 언급되지 않은 곳이다. 단지 십자군이 부활한 예수가 사도들의 앞에 모습을 나타낸 장소를

▼ 19세기 때의
티베리아스

이곳 티베리아스라고 생각해 이곳에 교회를 세웠다.(요한 21:1)
이 교회는 도시 중심에 있는 현재의 프란시스코회의 성 베드로
성당의 전신이다. 또한 예루살렘 붕괴 후 이곳 저곳을 전전하던
산헤드린(최고법원)이 한때 이곳에 있었고 다수의 랍비들이 살았
던 곳으로 유대교에 있어서도 대단히 중요한 성지다.

이 도시는 화려한 호반 리조트 도시로 보이지만 다른 한편 역
사적으로는 아픈 과거가 수없이 많았던 곳이다. 로마, 비잔틴 시
대의 번영은 637년 아랍에 의해 끝이 났지만 1099년에는 다시
십자군의 영향을 받게 되었다. 그러나 1247년 마물루크의 지배
하에 들어가게 되고, 오스만 투르크의 수중에 떨어지게 되는 16
세기까지는 도시가 완전히 황폐해져 있었다. 그러나 투르크의
술탄이 이스탄불의 부유한 유대인에게 도시를 넘겨주게 됨에 따

▼ 티베리아스의
성벽

라 티베리아스의 부흥이 시작되었다. 돈 요셉 나시와 도나 그라시아는 성벽을 보수하고 실크산업을 부흥시켰다. 그러나 성벽은 1759년과 1837년의 두 번에 걸친 지진으로 붕괴되었다. 현재의 도나 그라시아 거리는 일찍이 십자군 시대의 명성을 이용하여 거리에는 레스토랑과 갤러리가 들어서고 유명한 관광지가 되었다. 티베리아스에서는 그 외에도 도시 안에 십자군시대의 성벽과 감시대가 남아 있다. 그리고 중심 광장에 있는 관광안내소도 십자군 시대의 유적을 이용한 것이다. 또한 티베리아스에 남아 있는 십자군 시대의 유적은 현무암을 이용했기 때문에 근처의 코라진 유적과 동일하게 검은색의 유적이다.

거대한 로마 유적 베트 쉐안

우리들은 요르단 협곡을 지나 베트 쉐안(성서:벳산)으로 향했다.

국경가도 90번 도로를 타고 남쪽으로 내려가자 '요르단 국경까지는 몇킬로미터 남았을까요' 라는 표지판이 보였다. 호기심이 생겨 교차점에서 동쪽으로 핸들을 돌리자, 갑자기 이제 막 길을 포장한 듯 아스팔트가 깨끗하게 포장되어 있었고 가로등마저 켜져 있었다. 그런 외중에 '건설부와 주택부는 평화의 길을 만들었습니다' 라는 간판이 보였다. 요르단과의 평화를 받아들이고 국경으로 통하는 길을 정비한 것이다. 국경관리소에 이르자 그곳은 최신식 검문소가 있었다. 주차장에는 매점도 있고 많은 이스라엘인들이 소풍을 나왔는지 테라스에서 일광욕을 즐기고 있었다. 그러나 게이트는 닫혀 있고 국경을 통과하는 차도 없었다. 안식일인 토요일이어서 관리소가 문을 닫은 모양이다. 베트 쉐

안 서쪽에 있는 이곳 나할 아얄덴이라는 검문소는 내가 가지고 있는 최근 지도에도 나와 있지 않은 곳이다. 아마 평화조약이 체결되고 나서 새롭게 만들어진 국경검문소인 모양이다.

드디어 베트 쉐안으로 들어갔다. 그다지 큰 도시는 아닌데 유적을 찾아 헤매고 다녔다. 도시 중심에 원형경기장 같은 광장이 있어서 차를 세워놓고 보았다. 관람석이 몇 석 안 되는 야구장과 같은 형태였다. 로마식 경기장임에 틀림없다. 지나가는 사람에게 또 다른 유적지를 물어봤더니 조금만 더 가면 유적이 있다고 한다. 얼마안가 유적지 안내판이 나타났고 잔디가 예쁘게 깔린 공원으로 들어가자 유적지 입구가 나타났다.

안으로 들어가 베트 쉐안 유적을 처음 봤을 때 나는 큰 감동을

받았다. 예루살렘의 통곡의 벽을 보았을 때보다 더 큰 감동이었다. 이 유적은 연출효과도 꽤 많이 작용하고 있는 듯했다. 입구가 조금 높은 곳에 위치해 있고, 안으로 들어가자 유적 전체가 한눈에 들어왔다. 오른쪽으로는 원형극장이 보이고 정면 아래쪽에는 원주가 쭉 늘어선 거리와 건물 터가 보였다. 안내서를 보니 정면에서 멀리 보이는 언덕 같은 것은 유적 중 가장 오래 된 부분이고 여러 시대의 유적이 산재해 있는 구릉 유적이라고 한다.

아래로 내려가 우선 원주가 늘어선 거리를 걸었다. 원주는 많이 서 있었지만 모두가 복원된 것이고 눕혀진 채 있는 것들도 있었다. 건물 바닥에는 모자이크가 선명하게 남아 있는 곳도 있었다. 구릉유적 텔에 올라가 보았다. 그 모양으로 보면 인공 언덕임에 틀림이 없지만 얼핏 보기에는 유적 같지 않았다.

위에 올라가니 정상 부분의 건물 기초 부분을 볼 수 있었다. 고개를 들어 먼 곳을 바라보니 요르단 강 건너편으로 요르단의 산들이 보였다. 정말 멋있는 경관이었다.

언덕을 내려와 원형극장까지 왔다. 카이사레이아에서 봤던 것보다 훨씬 훌륭하고 완전히 원형이 복원되지는 않았지만 유적다운 분위기가 물씬 풍겼다. 지금은 1층 관람석밖에는 없지만 당시는 관람석이 3층으로 되어 있었고 지금보다 훨씬 웅장한 모습이었다고 한다. 2층 스탠드를 지탱하고 있는 지주는 지금도 남아 있지만 3층 부분의 구조물은 남아 있는 것이 하나도 없다. 3층까지 관람석이 있었던 모습을 상상해보니 수용인원이 약 7천 명 정도 된다고 해도 무리가 아닌 듯싶다.

베트 쉐안의 역사는 기원전 5천 년까지 거슬러 올라간다. 베트

쉐안을 지배하고 있었던 블레셋 왕은 이스라엘의 사울 왕을 근
교의 길보아 전투에서 무찌르고 그 시체를 이곳의 성벽에 효수
했다고 한다. 그후 다윗 왕이 도시를 탈환하고 솔로몬 왕 시절에
는 왕국의 중심도시 중 하나가 되었다. 헬레니즘 시대에는 스키
토폴리스라고 했다. 로마 시대에는 주민은 유대인과 사마리아인
으로 구성되고, 비잔틴 시대에는 그들이 기독교인으로 바뀌었
다. 749년 대지진이 이 도시를 휩쓸고 지나갔지만 도시가 이슬
람교도 세력의 수중으로 넘어가기 직전 6세기에는 인구가 최대
를 자랑하여 3~4만 명에 이르렀다고 한다. 십자군 시대에는 요
새가 만들어졌다. 오스만 투르크 시대와 위임통치시대에는 작은
마을에 지나지 않았지만 신생 이스라엘이 건국되어 키브츠가 주
변에 생긴 지금은 인구 약 1만 5천에 이르는 도시가 되었다.

저녁이 되어 다시 티베리아스로 돌아와 호반의 한 호텔에서 머
물렀다.

지도에서 사라진 훌라 호의 비밀

마지막날인 오늘은 골란 고원 산기슭에 있는 훌라 자연공원에
갔다. 오늘만큼은 사적지를 둘러보지 않고 아이들을 위해서 느
긋하게 자연을 감상하기로 했다.

골란 고원을 바라보며 90번 도로를 타고 북쪽으로 가고 있으
면 오른쪽으로 자연공원이 나타난다. 바로 훌라 자연공원이다.

사실 나는 예전부터 꼭 한번 와보고 싶었던 곳이다. 왜냐하면
성서 시대의 지도는 물론 이스라엘 건국 당시의 지도를 보더라
도 이스라엘에는 3개의 호수가 있었다. 남쪽으로는 사해, 북쪽

으로는 갈릴리 호(긴네렛 호)가 있고 그 북쪽으로는 동그랗고 작은 홀라 호수가 있었다. 이스라엘 최북단에 있으며 수자원의 보고인 메트라, 단, 바니야스 지역에서 흘러나와 요르단 강의 원류가 홀라 호에 모이게 된다. 그리고 그곳에서 흘러나온 물이 갈릴리 호로 흘러들어 가고 다시 그 물이 남쪽의 사해로 흐른다. 이 세 개의 호수는 남북으로 일직선상에 정렬되어 있다. 그런데 현재의 지도에는 이 홀라 호의 모습이 사라져 버렸다. 도대체 홀라 호에 어떤 일이 일어난 것일까. 지도 수집에 관심이 많은 나로서는 어떻게 해서라도 이 수수께끼를 풀지 않으면 안 되었다.

여러 문헌을 찾던 중에 알게 된 것은 1940년대까지는, 즉 이스라엘 건국 전까지는 고넨과 가도트 중간부분에 직경 5킬로미터의 홀라 호가 존재하고 있었다. 수심이 가장 깊은 곳이 4미터밖에 안 되는 얕은 호수로 수심이 1미터도 채 안 되는 전체 면적의 2/3가 파피루스로 뒤덮여 있었다. 그러나 신생 이스라엘의 국가적인 프로젝트로서 57년 배수공사가 완공되자 1만 5천 에이커의 간척지가 밀과 면화 경작지로 뒤바뀌어 버렸다. 그래서 환상속의 호수로 남게 된 것이다. 단지 늪지의 일부는 홀라 자연보호구역으로 남겨져 물오리, 해오라기, 펠리칸, 황새, 매들의 도래지로서 유명하다. 예를 들면 물오리과의 새들만 해도 물오리를 비롯하여 25종류가 관찰되고 겨울에는 2~3만 마리의 새가 찾아온다. 최근 유대민족기금(JNF)에 의한 대규모적인 환경계획에 의해 종래의 자연보호구역 주변 일대를 늪지로 조성하는 계획이 진행중이다. 인공적으로 변해버린 요르단 강의 흐름을 원래대로 되돌리고 250에이커의 면적에 수로와 연못을 만들었

다. 예전부터 황새 등 철새들이 찾는 곳으로 유명했던 만큼 환경을 관광자원화 하여 낚시와 철새 관찰지대의 메카로 각광받게 될 것이다.

새롭게 늪지로 조성된 곳으로 가기 위해 메트라로 향하는 90번 도로를 타고 북상하다 보면 광대한 면화재배농지가 나타나고 훌라 자연보호구역이라는 표지판을 분기점으로 해서 2킬로미터 정도 북쪽으로 가면 JNF라고 쓰여진 돌로 된 비석이 나온다. 거기서 우회전하면 JNF 사무소가 보이고, 비포장 도로를 타고 가다보면 파피루스가 군생하는 늪지에 도착하게 된다.

숲 속에 넓은 주차장이 있고, 숲을 빠져나가면 안내소가 나타난다. 좀더 가면 광대한 늪지가 눈앞에 펼쳐진다. 늪지와 강 위를 걸어다닐 수 있도록 다리가 놓여져 있다. 북쪽으로는 아득하

게 헤르몬 산이 보이고 동쪽으로는 골란 고원이 벽처럼 둘러쳐
져 있다. 유감스럽게도 철새들의 모습을 볼 수가 없어서 우리들
은 물놀이를 하기로 했다.

이스라엘에서는 좀처럼 보기 힘들지만 훌라 계곡 상류에서 급
류를 이용한 카약 타기를 할 수 있다. 상류에 있는 키브츠하고슈
림에서 하류에 있는 키브츠 쿠팔 브룸까지 약 4킬로미터의 코스
가 만들어져 있다. 전반은 심한 급류이고 후반은 완만한 상태에
서 카약을 즐길 수 있다. 하류는 2킬로미터 정도의 코스로 1시간
정도 걸린다고 해서 우리들은 하류 코스를 타기로 했다. 하류 코
스가 시작하는 공원까지 차를 타고 가서 입장권을 샀다. 요금은
어른 35세겔이다. 구명조끼도 빌려서 간단한 설명을 들은 후 몇
대의 보트에 나눠 타고 출발했다.

나는 2인용 보트에 탔는데 처음에는 보트가 똑바로 가지 않아
서 방향을 잡는 것만으로도 힘이 부쳤다. 완만한 물살이라고는
해도 체감 속도는 그렇게 느리지 않았다. 게다가 물이 자꾸 안으
로 들어와서 다리와 허리 부분이 다 젖어버렸다. 점차 안정을 되
찾자 주위의 정경을 즐기는 여유를 부리게 되었다. 파란 창공이
펼쳐져 있고, 늦은 여름이라고는 하지만 기온도 어느 정도 올라
가 있어 더위 속에서 시원한 감을 느낄 수 있었다. 물도 아주 깨
끗하고, 이스라엘의 강에서 물놀이를 할 수 있다는 것에 대해 신
선한 감동을 받았다. 의외라고 하면 결례가 될지 모르지만 바다
와 호수에서의 레포츠는 많은데 강가에서 행해지는 것은 그다지
알려져 있지 않은 듯했다.

보트에 몸을 맡기고 행복한 기분에 젖어 있다가 문득 지금 떠

있는 강이 처해진 위치가 생각났다. 원래 단과 바니야스를 수원으로 해서 요르단 강이 형성된 이 주변은 시리아와 이스라엘이 서로 영유권을 주장하고 있는 분쟁의 땅이었다. 1948년부터 1967년 사이에 바니야스는 시리아에, 단은 이스라엘에 속해 있었다. 지금은 골란 고원까지 이스라엘이 점령하고 있기 때문에 문제가 숨어 있지만 언젠가 골란 고원을 반환하게 될 때는 이 강 주변의 영유권 분쟁이 예상되어진다. 어쩌면 지금 흘러가는 강의 왼쪽이 시리아, 오른쪽이 이스라엘이 될 가능성도 있을 것이다. 이상하게도 그런 생각을 하자 갑자기 오금이 저려옴을 느낄 수 있었다.

종점에 도착해 대형 보트를 기다리고 있는데 좀처럼 도착하지 않았다. 나중에 물어보니 일행 중 한사람이 강물에 빠지는 사고가 있었다고 한다. 강물의 깊이가 1미터 정도여서 몸이 젖는 정도로 별다른 위험은 없었던 모양이다. 강우량이 많은 여름에 겨우 1미터 정도의 깊이의 요르단 강이라면, 장래 이 지역이 시리아에 반환되었을 경우, 역으로 말하면 양국의 관계는 그 정도밖에 떨어져 있지 않다는 이야기가 된다.

이 강은 여름에만 개방한다고 한다. 우리들의 경험으로 비추어 볼 때 수영복과 샌달 등 물에 젖어도 괜찮은 복장을 하고 오는 편이 바람직하다.

2. 환상 속으로 떠나는 여행

아마겟돈과 타보르 산

갈릴리라는 말을 듣고 보통 무엇을 떠올리는 사람이 많을까. 기독교에 정통한 사람이라면 구체적인 영상이 떠오를지 모른다. 유명한 사해의 북부, 이스라엘의 북부에 갈릴리 호라는 호수가 있고, 그 서쪽 일대에 지중해와의 사이에 있는 구릉지대가 갈릴리 지방이라고 불린다. 덧붙여 반대편인 갈릴리 호 동쪽이 시리아와 장기간 분쟁의 씨앗이 된 골란 고원이다.

예전부터 갈릴리에 대한 여러 자료와 책을 읽으면서 구상하고 있던, 주제가 있는 드라이브 여행을 감행하기로 했다. 이번은 솔로몬 왕이 건축한 요새이며 아마겟돈(최후의 전쟁)의 어원이 된 므깃도(성서:므기또), 예수가 산정에서 모세를 만났다는 타보르 산, 예루살렘 붕괴 후 유대교 문화를 한 몸에 짊어진 티폴리, 그리고 선지자 엘리야와 바알 신의 선지자가 대결했다고 하는 무흐라카와 드루즈 마을을 순서대로 방문하기로 했다. 그다지 알려져 있지 않지만 갈릴리 지방의 숨은 명소를 순행하는 여행이 될 것이다.

토요일 아침 텔아비브에서 하이파 로드를 타고 곧장 북쪽으로 향했다. 토요일은 안식일이어서 이른 아침이면 도로에 차가 거의 다니지 않는다. 30분도 가지 않았는데 발전소의 거대한 굴뚝이 보이자 카이사레이아에 거의 다 왔다는 것을 알 수 있었다. 도시에 들어가기 전에 우회전하여 65번 도로를 타고 내륙 쪽으로 향했다. 얼마 동안은 허허벌판의 황무지 위를 달리지만 점점 길은 비탈길로 바뀐다. 고개를 내려와 66번 도로와 맞닿은 곳이 므깃도 유적이다. 텔아비브에서 한 시간도 걸리지 않았다.

아마겟돈의 유래와 유적

므깃도는 히브리어로 할 므깃도라고 한다. 할이라고 하는 것은 언덕이라는 의미이다. 할 므깃도라는 것이 신약성서(요한계시록 16: 16) 안에서 뜻이 와전되어 예수와 사탄 사이에 일어나는 '세계 최후의 전쟁' 즉 아마겟돈이 되었다.

지중해의 하이파에서 요르단 계곡으로 펼쳐지는 풍요로운 이스르엘 평야 안에 위치하는 므깃도는 지정학적으로 이집트와 시리아, 메소포타미아를 잇는 요충지였다. 교통의 요지이면서 성서이전 시대부터 근대에 이르기까지 주변 민족들에게 항쟁의 장을 제공해 왔다. 기원전 1482년 유대인보다 선주민인 가나안 제 부족이 이집트의 투트모세스 3세에게 패하여 그후 3백 년간 이

집트의 지배하에 놓이게 되었다. 또 기원전 607년 유다 왕국의 요시야 왕이 이집트와의 전쟁에서 패하여 므깃도에서 전사했다. 그후 바빌론 유수로 이어지는 비극을 맞이하게 되었다. 게다가 유다왕 아하지야도 예언자 예후가 이끄는 북 왕국의 혁명에 휘말려 화살을 맞고 숨진 곳도 므깃도였다. 또한 최근의 일로 제1차 세계대전에서 영국군이 오스만 투르크군을 격파한 곳도 이 부근이었다. 아마겟돈 예언뿐만 아니라 실제로 이곳에서 많은 전쟁이 일어났었다. 66번 도로를 타고 므깃도에서 남쪽으로 5분 정도 가면 서안과의 경계선인 그린 라인이 가로지르고 있고 그 앞은 팔레스타인 도시 제닌이다. 그린 라인은 휴전선이기 때문에 므깃도는 전쟁과는 인연이 깊은 곳이다.

므깃도 유적은 기원전 4천 년까지 거슬러 올라가 가나안인, 이집트인, 이스라엘인, 블레셋인을 거친 후 기원전 10세기 초엽에 다윗 왕이 재점령하고, 솔로몬 왕이 견고한 요새로 구축하였다고 사료된다. 남북분열후 북 왕조의 오므리, 아합 시대에도 계속적으로 중요한 요지로서 그 자리를 지켜왔다.

유적 자체는 그다지 크지는 않아 정상 부분은 불과 6헥타르 넓이에 지나지 않는다. 솔로몬 왕 시대 '마차 마을'의 터가 남북으로 두 곳이 남아 있으며, 대략 450두의 말이 사육되고 있었다고 추정되어지고 있다. 언덕 위에 있는 유적 중 제일 멀리 있는 것이 므깃도 유적의 하이라이트인 지하급수갱(地下給水坑)이다. 단지 어두운 내부를 고생하며 내려가 봐도 내부구조는 잘 알 수 없다는게 흠이다. 게다가 급수갱을 끝까지 가보면 유적 입구에서 가장 먼 위치에 설치되어진 출구로 나오게 되어 다시 입구까지 걸어오지 않으면 안 된다. 그러나 교외에 있는 샘에서 지하터널을 이용해 물을 유적까지 끌어온 것을 보면 당시 토목기술이 대단했음을 알 수 있다.

기원전 712년에 북 이스라엘왕국이 멸망하자 이번에는 앗시리아의 지방 주요도시로서 잠시 그 기능을 하고 있었지만 그후 완전히 방치되었다. 므깃도는 기원전 4천 년부터 기원전 7백 년까지 이 지역의 주요 거점으로서 번성하였고 그후 급격히 쇠퇴의 길을 걷게 되었다.

타보르 산에서 모세와 엘리야를 만난 예수

이번에는 타보르 산으로 향했다. 다시 65번 도로를 타고 10분 정도 가다 보면 아프라라는 곳에 도착하게 된다. 65번 도로는 아프라를 관통하는 것이 아니라 마을 안을 구불구불 돌아가기 때문에 길을 잃지 않도록 조심해야 한다. 아프라를 빠져나가 15분 정도 가면 타보르 산 아래 들판에 도착한다. 거기서 방향표시대로 왼쪽의 좁은 길로 들어서면 타보르 산으로 이어진다. 타보르 산 기슭에는 작은 촌락이 있고, 그곳에서 정상까지 가는 길을 잘못 들어서지만 않는다면 그후로는 외길을 따라가기만 하면 된다.

므깃도에서 본 타보르 산은 접시를 엎어놓은 듯한 완만한 산이었다. 그러나 차를 타고 올라가니 길이 험하여 이렇게 경사가 심한 곳이었나 하고 새삼스럽게 느껴졌다. 게다가 도로폭도 좁아서 핸들을 쥐고 있는 손이 갑자기 긴장되었다. 이런 도로는 버스와 같은 대형차량은 도저히 올라갈 수 없을 것이다. 정상에 도착하자 주차장이 완비되어 있었다. 주차를 하고 나서 교회가 있는 방향으로 걸어가는데 꽤 많은 관광객이 와 있었다.

맨 처음 눈에 들어온 것은 십자군이 만들어 놓은 문이었다. 문 앞에는 방어를 하기 위한 못이 있었고 그곳에 가교가 설치되어 있었다고 한다. 성문 남쪽에는 제1차 반로마항쟁 때 요세프스 프라비우스가 만든 성벽 터가 보였다. 므깃도만이 아니라 타보르 산도 전략적으로 요충지였던 것이다. 실제 전투가 있었던 것은 구약성서 시대에 데보라와 바라크의 전투로 알려져 있다.

때는 기원전 12세기경 비옥한 이스르엘 평야는 가나안 왕의 지배하에 있었고 히브리 민족은 그 밑에서 괴로운 생활을 보내

고 있었다. 히브리인들은 어떻게 해서든지 그 사슬에서 벗어나고 싶어했지만 가나안은 전차로 무장하고 있었던 반면 히브리인들은 아직 부족사회 시대였다. 그 때 선지자 데보라는 서쪽 하늘에서 검은 구름을 기다리듯 전쟁 시기를 점치고 있었다. 그러던 어느 날 타보르 산에 북쪽의 2부족을 집결시키고는 오늘이야말로 가나안 타도의 때가 왔다고 선포했다. 히브리의 보병부대와 가나안의 전차부대가 므깃도에서 맞부딪쳤을 때 갑자기 큰비가 쏟아지기 시작했다. 진흙탕이 되어버린 이스르엘 평야에서 전차로 무장한 가나안군은 일대 혼란에 빠져 괴멸하고 말았다. 이렇게 해서 히브리인이 이스르엘 평야를 차지하게 되었다.

타보르 산에서 가장 중요한 건축물은 역시 안쪽에 있는 프란시스코회 교회이다.

▲ **예수의 변모** 조반니 벨리니 (1430~1516)

그때 예수의 모습이 그들 앞에서 변하여 얼굴은 해와 같이 빛나고 옷은 빛과 같이 눈 부셨다. 그리고 난
데없이 모세와 엘리야가 나타나서 예수와 함께 이야기하고 있었다. (마태오 17:2~3)

1920년대 전반 원래 교회가 있던 자리에 이탈리아인 건축가에 의해 비잔틴풍의 교회가 세워졌다. 이 교회는 이스라엘에서 가장 아름다운 교회라고 불린다. 교회 안에 들어가면 정면으로 윗 벽면에 타보르 산의 명성을 높여주는 '예수 변모' 모자이크가 있다. 그리고 교회 지하실의 암석이 예수가 모세와 엘리야를 만난 장소라고 한다.

'예수 변모'라고 하는 것은 예수가 전도활동의 마지막 시기에 사도 베드로, 야곱, 요한을 데리고 타보르 산에 올라 기도 드리고 있는 사이에 예수의 얼굴이 변하고 의복이 새하얗게 빛나고, 그 때 모세와 엘리야를 만났다는 『성서』의 기록(마태오 17:1~2)을 말한다. 타보르 산 정상에는 그 외에도 선지자 엘리야를 기념해서 그리스정교 교회가 있고 그 옆에는 멜기세덱의 바위라는 것이 있다. 그리스정교의 교리에 의하면 살렘 왕 멜기세덱과 전투에서 승리하여 개선한 아브라함이 만난 곳은 예루살렘이 아닌 바로 이곳이라고 한다.(창세기 14: 18~23) 그리고 프란시스코회 교회 북동쪽에는 십자군 시대의 베네딕트회 수도원이 있다.

타보르 산은 이미 4세기 이후 이스라엘에서도 가장 중요한 성지의 하나가 되었고 많은 신자들이 순례차 방문하는 곳이다. 신자들은 4천 개 이상의 돌계단을 오르며 깊은 신앙심을 키워가고

있다. 6세기에는 정상 부분에 3개의 교회가 있었다. 그 후 십자
군의 지배를 거쳐 1263년 마물루크 왕조의 지배하에 들어선 이
후 폐허로 변했다. 작은 수도원의 재건은 19세기 후반에 들어와
서 이루어진 것이다.

아직 정오가 되지는 않았지만 다음 예정지인 티폴리로 향했다.

갈릴리의 모나리자

티폴리는 성모 마리아로 유명한 나사렛에서 북서쪽으로 약 5
킬로미터 정도 떨어진 곳에 위치하며 차로는 10분 거리에 있는
유적이다. 어느날 영자신문 〈예루살렘 포스트〉에서 이스라엘 최
북단에 위치한 국립공원이 개장했다는 기사를 읽었다. 그곳에는
'갈릴리의 모나리자'라고 불리는 아름다운 모자이크와 원형극장
이 있다고 하여 큰 흥미를 가지고 있었다. 이스라엘의 관광지는
예루살렘과 베들레헴을 필두로 해서 이미 각방면에서 기술한 것
같다. 그러나 알려지지 않은 명소와 유적은 항상 존재하는 법이
다. 티폴리도 그 중 하나일지 모른다는 예감이 들었다.

타보르 산에서 되돌아와 아프라에서 나사렛 방면으로 향했다.
나사렛에 도착해서 79번 도로를 타고 5킬로미터 정도 가면 티폴
리와 연결되는 작은 도로가 나온다. 티폴리에 가까이 가면 눈앞
에 언덕이 나타나는데 그곳이 티폴리 유적이다. 주차장에 들어
가니 차가 거의 없어 이스라엘 사람들도 아직 잘 모르는 장소라
는 생각이 들었다. 안내소에서 티폴리에 대해 설명한 컬러 팜플
렛을 얻었다. 이스라엘 국립공원에서는 어느 곳을 가더라도 컬
러 팜플렛을 얻을 수가 있다. 그 외에 안내판과 화장실도 공원과

▲ 갈릴리의 가장 중요한 도시 티폴리 유적 전경전경.

유적에 잘 정비되어 있다.

길을 따라 언덕을 올라가자 우선 로마식 원형극장이 눈에 띄었다. 요르단 강 유역의 베트 쉐안에 있는 원형극장보다는 훨씬 작은 규모로 나불루스의 근교 사마리아에 있는 원형극장과 비슷한 규모였다. 그러나 파손 정도가 꽤 심한 편이었다. 원형극장을 둘러보고 언덕 정상까지 올라가자 잘 복원된 십자군의 성채 터가 있었다. 안에는 멋있게 지은 안내소가 있으며 그 안에서 발굴유

물의 전시와 매점, 컴퓨터로 유적안내를 하고 있었다. 언덕 정상
에 있는 성채는 마치 언덕 위에 새가 앉아 있는 듯한 모습이어서
'새(티폴리)' 라는 이름이 붙여진 것이다. 안내소에서 조금 내려
가면 지면을 감싸안은 듯한 이상한 건물이 있다. 안에 들어가 보
니 어두운 상태에서 스포트라이트가 지면을 비추고 있었다. 바
로 이곳이 '갈릴리의 모나리자' 라는 모자이크 전시장이었다.

　1987년 6월 고고학자 네이첼은 티폴리의 고대 성채에 인접한 곳의 지면에서 흙을 긁어내고 있었다. 1600백 년 이상 된 흙을 긁어내자 주위에 모여있던 사람들에게서 탄성의 소리가 흘러나왔다. 땅에서 사람들을 올려다보고 있었던 것은 다름 아닌 아름다운 여성의 모자이크였기 때문이다. 지금은 '갈릴리의 모나리자'라고 불리는 이것은 순식간에 국민들 사이에 알려지게 되어 고대 티폴리 유적 위에 세워져 있던 조그마한 마을을 북부 이스라엘 최대의 국립공원지역으로 변화시켰다.

기원 1세기경 티폴리는 이집트와 바빌로니아를 묶는 통상의 요충지로서 부유한 유대인들이 사는 도시였다. 티폴리는 67년 유대인 장군 요세푸스가 지휘하는 항쟁에 반대하여 오히려 로마 장군 베스파시안에게 도시를 내주었다. 티폴리 주민은 이 지역에서 평화를 표방했던 유일한 주민이었다. 그래서 이곳 티폴리는 예루살렘과 유다 지방과는 달리 도시가 파괴되지 않는 행운을 안게 된 것이다.

로마의 지배하에서 도시명이 에이레노폴리스(평화스러운 도시)로 개명되어 그 범위는 갈릴리 호수까지 넓혀졌고 예루살렘에서 도망온 유대인 난민에게 피난처를 제공했다. 로마인은 티폴리를 갈릴리 지방의 수도와 같은 기능을 하도록 만들었다. 따라서 원형극장과 도로, 게다가 대규모의 수도공사가 이루어졌고, 당시 4만 명 이상의 인구가 활동하고 있었던 것으로 추정되어진다. 대부분은 유대인이었고 파괴된 예루살렘 신전에서 난을 피해 도망온 고명한 랍비들도 다수 있었다.

636년 아랍인에 의해 정복당한 후 수도는 호반 도시 티베리아스로 옮겨져서 티폴리는 정체위기를 맞이했다. 수백 년 후 십자군이 들어와 성채를 보강하고 도시명도 프랑스어식인 르 사포리라고 개칭했다. 십자군은 현재 프란시스코회에서 운영하는 고아원 땅에 요아힘과 하나 교회를 세웠는데 그것은 예수의 어머니 마리아의 집이 있던 장소라고 한다. 1187년 유명한 하틴 전투에서 기 드 뤼지냥이 이끄는 십자군은 주위의 반대를 누르고 아코를 출발한 후 이곳 티폴리를 경유해서 하틴으로 향했다. 그후 티폴리는 16세기 오스만 투르크의 영토에 편입되고 십자군 시대의 명성을 잠재우는 사포리에라는 이름의 아랍 마을이 되었다.

1949년 7월에는 이스라엘이 이곳을 점령했다. 그리고 루마니아와 터어키에서 이주한 사람들에 의해 티폴리라는 모샤브가 만들어졌다. 현재 모샤브에는 80세대의 4백 명이 살고 있으며 비옥한 토지에서 농업에 종사하고 있다. 최근 수년간 젊은 커플들의 이주자가 많아지고 입주 희망자들이 줄을 서서 대기하고 있을 정도다. 그러나 현재는 유적발굴조사로 인해 거주자들의 집과 농지가 침식당하고 있는 상황이다.

예전 사포리에 시대에는 약 1만 2천 명의 아랍계 사람들이 살고 있었다고 한다. 그러나 그들은 이스라엘군이 들어오기 직전에 마을을 버리고 대부분은 북부와 레바논으로 도망가 버렸다. 나사렛 근교에 있는 사파흐라라는 마을에는 1만 명 이상의 티폴리 출신 사람들이 살고 있다. 지금도 옛날 살았던 티폴리를 그리워하며 찾아오는 아랍계 사람들이 많다고 한다. 그러나 그들이 살았던 집은 이미 자취를 감추었고 대신 그곳에는 매년 새해 초에 JNF가 나무를 심어 숲이 들어서 있다. 티폴리를 떠난 사람들의 수는 약 8만 명 정도라고 하니 만일 그들이 티폴리에 그대

▲ **갈릴리의 모나리자**　티폴리 로마풍 저택에 있는 모자이크 장식

로 남아 있었다면 티폴리는 나사렛보다 훨씬 큰 도시가 되었을 것이다

갈릴리의 온화한 유대주의

그 다채로운 관광자원과 더불어 티폴리는 그보다 훨씬 심도 있는 사안을 전해주는 곳이라고 생각한다. 유대사상 가장 중요한 일은 3세기 티폴리의 황금기에 처음으로 유대 구전율법인 〈미슈나〉가 편찬된 것이다. 그때까지는 신전에만 의지하고 희생을 강조하던 종교에서 보다 간편하고 전달이 쉬운 종교로 변한 것이다. 이것이 유랑 생활을 하던 이스라엘인들에게 유대종교의 가르침을 지키게 하고 신앙을 유지하게 한 커다란 원동력이 되었다는 것은 말할 필요도 없다. 바빌론과 함께 티폴리에서 율법의

성문화라는 작업이 이루어지지 않았다면 유대민족은 이 땅에서 영원히 사라져버렸을지도 모른다. 그러한 의미에서 한 역사학자의 '티폴리보다 중요한 유대교 성지는 예루살렘을 제외하고 없다'는 말은 결코 과장된 것이 아니다.

또 일부학자들에 의하면 기독교는 2천 년 전 당시 갈릴리 지방에 존재하고 있던 반신전 계통의 유대교에서 파생된 것이라고 한다. 1세기 무렵 갈릴리 지방의 유대인은 예루살렘 신전에 의한 지배에서 독립하고 있었고 또한 그것에 적의를 품고 있었다. 그들은 로마에 대한 항쟁에 동참하지 않고 오히려 로마에 우호적인 태도를 취했다. 그후 예루살렘이 붕괴되자 크게 번영을 구가하게 되었다. 어떻게 보면 당시 티폴리의 유대인들은 현재의 세속적인 유대인들과 같은 부류의 사람들이 아니었나 하는 생각이 든다. 당시 갈릴리의 고대 유대인들은 현재의 정통파 유대인보다 외국문화에 관용적이었고 특히 세련된 도시주민인 티폴리 사람들은 동시에 두 개의 이질적인 문화를 가지고 살았어도 아무런 문제가 없었던 것이다.

방랑의 생활 속에 지쳐있었고 분쟁의 소용돌이에 빠져있는 유대인과 이스라엘의 역사와, 해결의 실마리가 보이지 않는 예루살렘과 팔레스타인 문제를 생각할 때 티폴리의 존재가 예루살렘에게 암시하는 것은 아주 크다고 생각한다.

나는 개장한 지 얼마 안 되는 티폴리에 와서 이스라엘이 안고 있는 문제의 해결점이 명쾌하게 풀린 것에 대해 무한한 감사를 드린다. 마사다 함락과 예루살렘의 붕괴로 유다가 이 지역에서 사라져버린 것은 절대 아니다. 게다가 외국문화에 대해 완고하게 문을 닫아버리는 것만이 유대인의 전매특허는 아니다. '갈릴리의 온화한 유대주의' 바로 이것이 티폴리가 나에게 전해준 문제해결의 실마리다.

평화로운 드루즈 사람들

골란 고원에서 드라이브를 하고 있을 때 마쥬달 샴스, 엔 크니야 등 드루즈족 마을을 몇 번이나 지나다녔다. 그 중에도 마쥬달 샴스는 헤르몬 산자락에 있는 친근한 분위기의 마을로 축구에 관심이 많은 청년과도 친구가 되었다. 드루즈 마을에서 운전하고 있으면 이슬람이라고는 하지만 다른 팔레스타인 마을과는 색다른 분위기를 느끼곤 한다.

색다른 분위기란 것은 무엇이었을까. 드루즈는 이슬람의 일족이기는 하지만 완전한 이스라엘 사회에 동화되어 있고 아랍계 사람들에게는 인정을 받지 못하고 있다. 그들은 자기들이 살고 있는 나라에 봉사하는 것이 자신들의 신조라고 생각한다. 그래서 그런지 마을 분위기도 살벌하지 않고 평화로운 분위기가 넘치고 있었다. 게다가 아리따운 아가씨들도 있어 마치 무릉도원에 있는 듯한 느낌이 들었다. 또한 마을이 산 사면에 위치해 있고 작은 산이 많은 곳이어서 한층 더 분위기를 고조시켜 주었는지 모른다. 사람들은 끈끈한 인정이 있어 다른 곳에서 느끼지 못하는 친근감이 있었다. 그래서인지 드루즈 마을에 오면 그동안 쌓였던 스트레스가 말끔히 해소되는 듯한 기분이 들었다.

드루즈족의 본거지는 시리아와 레바논이지만 이스라엘에도 일부가 살고 있다. 골란 고원 이외에도 하이파 근교의 가르멜 산에 드루즈 마을이 있다는 것을 알고 그곳으로 향하기로 했다. 골란 고원으로 향할 때 항상 다니던 하데라를 거치지 않고 오늘은 그 앞의 시크론 야곱 분기점까지 가서 70번 도로로 바꿔 탔다. 잠시 달리면 이스피야로 향하는 도로가 왼쪽으로 보이기 시작한다. 이 도로는 가르멜 산으로 가는 산악도로로 도로변에는 해골표시를 한 '발포지역(Firing Zone)이라는 표지판이 군데군데 세워져 있었다. 사격지역이라는 경고문이다.

꽤 고도가 높은 지역에 전원 레스토랑과 가구, 도기 등을 파는 가게가 보이기 시작했다. 다리야트 엘 가르멜에 다 온 것을 알 수 있었다. 계속해서 가다보면 양쪽에 상점들이 쭉 늘어선 마을 중심부로 들어가게 된다. 다리야트 엘 가르멜은 완전히 쇼핑천국으로 변모해서 좁은 도로는 쇼핑하는 사람들과 자동차로 북적거렸다. 물론 쇼핑하러 온 사람들은 거의 대부분이 이스라엘인들이었다. 골란 고원의 드루즈 마을과 같은 분위기를 기대했던 나는 허망한 기분이 들었다. 나는 쇼핑 따위에는 관심이 없어서 그냥 지나갔다.

다리야트 엘 가르멜에서 조금만 더 가면 이스피야라는 제2의 드루즈 마을이 나타난다. 이곳은 산 속에 있어서인지 상업적인 냄새는 그다지 나지 않았다. 마을 안에는 전망대가 있었고 아름다운 산들과 이스르엘 평야가 보였다. 바람이 불면 시원한 느낌이 들어 이곳은 피서지로서도 최적의 장소였다. 그러나 이곳도 드루즈 마을의 분위기는 별로 풍기지 않았다. 그러나 곰곰이 생각해보니 이러한 현상은 당연한 것이라는 생각이 들었다. 골란 고원의 드루즈 마을은 원래 시리아인들이고 이스라엘의 상업적인 분위기와는 사뭇 다른 존재임에 비해 이곳은 하이파와도 가깝고 텔아비브에서도 손쉽게 올 수 있는 거리다. 반세기나 이스라엘에 동화되어 살고 있는 드루즈 마을이 극심한 변화를 피할 수는 없는 것은 당연한 일이다. 이스피아에서 길을 따라 계속 가다보면 산정부근의 하이파 대학과 연결되고 내리막길을 내려가면 하이파가 나온다.

11세기에 이집트는 시아파를 숭상하는 파티마 왕조의 지배를 받았다. 파티마 왕조는 팔레스타인과 시리아 남부도 지배하고 있었다. 11세기 초에 나타난 파티마 왕조의 여섯번째 칼리프 알 하킴(985~1021)은 난폭한 칼리프로서 비잔틴과의 휴전협정에도 불구하고 예루살렘의 성분묘교회 파괴를 명령하였고 기독교도를 박해했다. 하킴은 얼마 안가 정권을 잃게 되고 행방불명이 된다. 하킴은 자신이 선악을 초월한 신의 화신이라 했으며 이러한 하킴의 종교적 신념은 그의 열렬한 지지자였던 함자 이븐 알리에 의해 전파되었다. 그때 새롭게 창설한 것이 드루즈파로서 드루즈는 함자의 부하인 무하마드 앗 다라지에서 유래한 것이다. 알 하킴을 구세주로 삼는 드루즈파가 처음 창설하게 된 경위부터 베일에 싸여 있고 드루즈는 자신들만의 독자적인 비밀 신앙서에 의해 해석된 코란을 근거로 생활하고 있다.

드루즈는 계속적으로 다른 이슬람세력에게 회유당하거나 압력을 받는 등 항상 탄압을 받아왔다. 그 결과 굳건하게 지켜온 신앙을 가진 지역사회로 성장하게 되었다. 외부와의 접촉을 피하는 습관으로 인해 항상 드루즈족 안에서만 결혼하는 풍습이 생겼다. 드루즈법을 어기면 사회적이나 종교적으로 파문을 당하게 되고, 지역사회에서 집단 따돌림을 당하는 것은 그들에게 있어 가장 엄격한 벌이다.

17세기 초반 드루즈족은 시리아와 레바논에서 건너와 하이파 근교의 산악지방에 살기 시작했다. 이들은 40여 곳에 흩어져 살았는데 그중 14곳은 그후 두 곳으로 통합되어 현재 이스피야, 다리야트 엘 가르멜이라는 마을이 되었다. 현재 이스피야 마을은 인구 8천으로 드루즈족이 대부분이며 나머지 20%는 기독교도, 3%는 이슬람교도들이다. 그리고 얼마 안되지만 유대인들도 살고 있다. 전문가들은 레바논에 25만 명, 시리아에 50만 명 정도가 살고 있는 것으로 추측한다. 이스라엘에는 골란 고원을 포함해 8만을 조금 넘는다고 한다.

드루즈 신앙은 독자적인 일곱 개의 계율에 기초를 두지만 그것은 엄격한 의식적인 규율이 아닌 올바른 도덕관념과 행실을 강조하는 것이다. 예배는 일요일과 목요일에 행해지지만 예배에 참가하는 사람은 약 20%의 종교인들에 한정된다고 한다. 종교인들은 일반적으로 옷차림새로 쉽게 알 수 있다. 남성은 카프탄이라는 소매가 긴 옷과 머리를 감는 하얀 수건을 착용하고 여성은 수놓은 옷과 스카프를 머리에 두르지만 스카프로 얼굴을 감추지는 않는다.

드루즈 신앙의 중심적인 교리는 유일신을 믿을 것, 신을 공경할 것, 그리고 타인을 존경할 것, 악행을 행하지 말 것, 타인에 상처를 입히지 말 것 등이다. 드루즈는 개종하는 것을 인정하지 않기 때문에 다른 이슬람교와 같이 타종교인과 대립하는 일이 없다. 그들의 신앙을 한마디로 말하면 '선한 일을 행할 것. 나쁜

일을 하면 드루즈법에 위반된다' 라고 간단히 말할 수 있어 이슬람 과격파가 발생할 수 있는 여지는 없다.

드루즈의 윤회사상

내가 드루즈에 대해서 매력을 느끼는 것은 그들이 윤회사상을 믿는 민족이기 때문이기도 하다. 모든 영혼은 육체가 없어져도 새로운 육체에서 소생하고 정신적인 수명을 다 할 때까지 계속된다고 믿는다. 드루즈인들이 믿는 것은 다른 사람들은 어느 사회에서든지 다시 태어나지만 드루즈인의 영혼은 드루즈족 안에서만 소생한다고 한다.

윤회사상은 드루즈 사회의 일반적인 관념이어서 평상 생활에 뿌리 깊게 심어져 있다. 그렇다고 해서 모든 드루즈인들이 전생을 생각해낼 수는 없지만 10~20%의 사람들이 전생을 알고 있다고 추정하고 있다. 직전의 전생에 대한 상세한 기억을 가지고 있는 사람들은 대부분이 자동차 사고나 전사하는 등 비참한 죽음을 당한 사람들이다. 갓난아기는 전생의 비참했던 죽음을 나타내는 흔적을 가지고 태어난다고 드루즈 사람들은 믿고 있다. 통상적으로 전생의 기억은 어렸을 때 말하기 시작하면 빨리 나타난다고 한다. 세 살된 어린아이가 양친에게 전생에 대한 이야기를 하는 것은 그렇게 드문 일이 아니다. 그들은 과거의 생활만을 기억하고 있는 것이 아니라 그 사람의 우정과 로맨스, 감정, 개인적인 기억 모두를 기억하고 있다. 전생을 기억하는 사람들은 현세와 혼란에 빠지는 일이 거의 없지만 간혹 가다가 예외적인 사람도 있다고 한다. 영자 신문 〈예루살렘 포스트〉지에 상세하게 보도된 기사를 인용하여 전생과 현세가 교착하는 사례를 아주 간단하게 소개하겠다. 꽤 복잡하게 얽힌 내용이기 때문에 주의를 기울이고 읽어주기 바란다.

환생한 사람들의 기이한 만남

전생과 현세가 한사람의 인물 속에서 교착하고 현세를 뛰어넘는 관계를 쌓는 경우도 있다. 19세의 아이즈 누하드 압 로콘은 최근까지 국립공원에서 근무하고 있던 조용하고 침착한 이스피야 출신의 청년이다. 그는 1975년 2월에 발베크 도로에서 죽은 레바논 출신의 드루즈인이라고 한다. 동시에 이스라엘 군대 (IDF)의 병사로서 레바논 전투에서 죽은 아이즈의 아버지 나후드라고 주장하는, 1983년 11월 15일 태어난(아버지 나후드가 죽은 지 2주후) 아디브 카마르 아브아시라는 11살 난 소년과는 뒤바뀐 아버지와 아들의 관계가 되었다. 이 이야기는 매우 복잡하게 얽혀있지만 아이즈의 현재 가족과 레바논에 살고 있는 전생의 가족, 그리고 아디브의 현재 가족으로부터 완전히 인정을 받은 내용이다. 아디브 가족은 수년 전에 이스피야로 이사해 왔다. 11세의 아디브가 19세의 '아들' 아이즈를 자주 만나기가 수월하기 때문이다.

세살 반이 되었을 무렵 아이즈 소년은 부모에게 그의 이름은 아리 바다위이며 남부 레바논의 하치비야의 트럭 운전수라고 이야기했다. 여섯 살이 되던 해에 이스피야의 하치비야에서 중년의 여성이 방문했을 때 아직 어린 소년이 그녀 앞으로 걸어가 '당신은 네비야라는 이름을 가진 나의 아내다' 라고 말했다고 한다. 소년은 놀라는 그녀에게 1975년 2월 발베크 근처 눈길에서 죽은 그녀의 남편에 관한 이야기를 들려주었다. 남편 혼자서 운전하고 가는데 괴한들이 차를 강탈하고 돈을 요구했다. 남편이 거부하자 괴한들은 남편의 어깨와 배를 총으로 난사하고 시체를 도로변 눈 속에 파묻었다고 했다. 네비야는 레바논으로 돌아왔지만 두 사람은 계속적인 관계를 유지했다. 아이즈가 13세 되던 해에 이번은 아이즈가 네비야의 집을 방문했다.

"나는 현관 앞에 서서 딸 리나의 이름을 불렀다. 내가 죽었을 때 딸아이는 다섯 살이었다. 집안으로 들어가자 집안은 옛날 그대로였다. 옷장으로 가서 내 옷을 찾아보았다. 모든 것이 내가 기억하고 있던 그대로였다. 그리고 가족들도 나를 보고 매우 감동한 모양이었다"

네비야의 가족들은 얼마안가 아이즈를 아리가 환생한 것으로 인정하였고, 아이즈는 그들을 정기적으로 방문하게 되었다. 그리고 3년 전 리나의 결혼식에는 아버지 자격으로 참석했다. 그때가 그의 나이 16세였다.

3개월 전 아이즈는 레바논 하치비야 출신의 젊은 아가씨와 결혼해서 이스피야로 데리고 왔다. 아이즈의 집에는 아리가 20년 전 죽기 전에 찍은 흑백사진과 아리의 아이들인 리나, 와심, 나심과 함께 10대의 아이즈가 같이 찍은 칼라사진이 벽에 걸려 있다. 그 가운데에는 19세인 아이즈의 두 살 난 첫 손녀의 귀여운 모습도 있다.

아이즈의 아버지 나후드 압 로콘이 1983년 11월 1일 죽었을 때는 IDF 국경경비대 병사였다. 3년 후 아디브라는 소년이 이스피야의 아이즈의 집을 방문했다. 그리고 나후드가 죽기 얼마 전에 찍은 사진을 가리키며 "나는 당신의 아버지입니다"라고 했다.

소년의 어머니 나비라 아브아시는 아디브가 말하는 아이즈라는 이름을 들었던 것을 기억하고 있었다. "처음에는 같은 마을에 사는 슈파람이라는 소년을 이야기하는 것 같아 그 소년에게 데리고 갔습니다. 그런데 나디브가 이 사람은 진짜 아이즈가 아니라고 말했어요"라고 그녀는 회상했다. "아디브는 이모인 에파트가 진짜 아이즈를 알고 있다고 했지요" 나비라는 이스피야에서 교사생활을 하고 있는 여동생 에파트에게 이야기를 하자 확실히 자기 반에 아이즈라는 소년이 있다고 했다. 그래서 나비라가 압 로콘 가족에게 전화를 걸자 아디브는 수화기를 빼앗아들고 "지금 당장 아이즈하고 통화하고 싶어"라고 말했다고 한다. 이렇게 해서 아브아시 쪽에서 압 로콘 가족을 방문하게 된 것이다. 가는 도중 아디브는 많이 흥분되어 있었는지 로콘 가족의 집으로 가는 길을 일일이 부모에게 가르쳐주었다. 집으로 들어오자마자 옷장에 내 옷이 있다라고 그가 말했던 것을 아이즈는 기억하고 있었다. "나는 아이즈의 어머니에게 내가 죽었을 때 입었던 점퍼 주머니에 담배가 한 개피 남아 있다고 말했다. 그녀가 찾아보니 실제로 담배가 발견되었다"고 아디브는 말했다.

"처음 우리들은 그를 믿지 않았다"라고 아이즈는 말한다. "그래도 그가 집안에 있는 물건과 담배, 그 외에 상세한 것까지 생각해 내는 것을 보고 그가 진짜 아버지라는 것을 믿기 시작했다"

실처럼 꼬인 이들의 관계는 사회생활에서 이상한 상호작용을 유발시켜 두 사람은 점차 아버지와 아들과 같은 관계를 갖게 되었다. 아이즈가 아디브와 거실에 함께 앉아 이야기를 하고 있을 때 아이즈가 담배에 불을 붙이면 아디브가 아버지와 같은 위엄을 가지고 "그렇게 담배를 많이 피우면 몸에 안 좋아"라고 타이른다. 그러면 아이즈는 담배 불을 끄는 상황이 벌어진다. 또 아디브가 세 살이고 아이즈가 열두 살이었을 때 두 사람은 아이즈의 집에서 이야기를 나누고 있었다. 아이즈가 자기 어머니에게 말대꾸를 하자 아디브가 갑자기 아이즈의 뺨을 후려갈긴 적도 있다. "그것은 어쩔 수가 없어. 나에게는 그가 내 아버지처럼 느껴지기 때문에 그에게는 그럴 권리가 있어"라고 아이즈는 인정했다.

아디브는 대단한 자신감에 찬 아이로 어른 같은 인상을 풍기는 매력적이며 사교적인 아이다. 그는 화제의 대상이 되는 것에 아주 익숙한 모양이지만 아이의 부모는 그것이 불만이었다. "우리들은 조금 불만이지요. 어린아이 같은 모습이 보고 싶어요. 어른처럼 행동하는 것은 어울리지가 않아요"라고 어머니 나비라는 말한다.

그는 애어른인가 아니면 어른 아이인가. 중년 여성인 아이즈의 어머니 즉 전생의 아내에게 대하는 감정에 대해서 들어봤을 때 아디브는 얼굴이 빨개지면서 "나는 그녀의 모든 것을 기억하고 있지요. 난 아직도 그녀를 사랑해요"라고 말하는 것이었다.

나후드의 죽음에 관한 이야기가 나오면 자신의 이야기이기 때문에 아디브의 얼굴이 갑자기 심각하게 변해버린다.

"우리 부대는 레바논의 공장 안을 순찰하고 있었다. 친한 전우였던 사이트가 건물 안으로 들어가자 나는 밖을 감시하고 있었다. 갑자기 건물 안에서 폭발이 일어나고 정신이 들자 피투성이가 된 사이드가 보였다. 사이드, 사이드, 죽으면 안 돼 라고 소리치던 것을 기억하고 있다. 그 때 그 이후의 기억은 사라져 버렸다"

나비라에도 처음 아들의 이야기를 듣고는 도저히 믿을 수가 없었다. 그러나 아들의 이야기가 너무나 사실과 일치하기 때문에 결국 믿지 않을 수 없게 된 것이다. "두 살 반된 어린아이가 가본 적도 없는 마을의 집을 부모에게 가르쳐 줄 수 있을까. 옷장 안에서 자기가 입던 옷을 꺼내고, 친구들의 이름을 기억해내고, 나후드와 그의 아내가 찍은 사진을 보고서 골란 고원에서 찍은 날짜까지 기억해내는 것을 어떻게 설명할 수 있을까요"라고 나비라는 말한다.(수 피슈코프(Sue Fishkoff) 〈예루살렘 포스트〉 1995년 2월 10일판 르포에서)

엘리야와 바알 선지자들의 죽음을 건 대결

돌아오는 길에 드루즈 마을보다 조금 앞에 있는 무흐라카라는 곳에 가보았다. 가르멜 산 쪽으로 가다 보면 주차장과 공원 안에 안내소 겸 전망대가 설치된 곳이 나온다. 전망대에 올라가면 해발 482미터의 '가르멜의 뿔' 아래로 이스르엘 평야의 절경이 펼쳐진다. 이 장소가 관심을 끄는 것은 유대교가 성립되기 훨씬 이전 남북왕조시대에 종교논쟁이라고 할 수 있는 것이 일어나고 있었기 때문이다.

페니키아 시돈의 공주 이세벨을 왕비로 맞이한 북왕국의 아합왕은 사마리아의 궁정에 왕비가 가지고 들어온 화려한 문화에 점점 빠져들고 있었다. 그녀는 히브리의 전통적인 야훼 종교를 멀리하고 바알 신(고대 근동의 여러 부족이 섬기던 신)을 가지고 들어온 것이다.(제2부 3장 참조) 이러한 상황에 몹시 분노를 느껴 바알 신앙을 비판한 것은 다름 아닌 선지자 엘리야였다.

엘리야와 바알의 선지자들과의 대결이 바로 이곳 무흐라카에서 일어났다.(열왕기상 18:19~40) 그 대결의 조건은 각각 자기들의 신이 하늘에서 불을 내려 어느 신이 희생 동물을 태우는가 하는 것이었다. 450인의 바알 선지자들이 아무리 춤을 추고 기도하고 애원을 해도 불은 내려오지 않았다. 그러나 단 한번으로 엘리야가 이스라엘의 신을 부르자 하늘에서 불이 내려와 제단의 희생물을 전부 태워버렸던 것이다. 완전한 엘리야의 승리였다. 바알의 선지자들은 산밑의 키손 시내로 끌려가 모두 죽임을 당

▶ **바알 선지자들의 죽음**
엘리야가 소리쳤다. "바알의 예언자들을 하나도 놓치지 말고 모조리 사로잡으시오" 엘리야는 백성들이 사로잡아온 그 예언자들을 키손 개울로 끌고가 거기에서 죽였다. (열왕기상 18:40)

하였다고 한다.

무흐라카는 확실히 서쪽의 지중해에서 오는 구름을 보고 날씨를 관측하기에는 아주 좋은 장소이다. 게다가 '가르멜의 뿔'은 낙뢰에도 절대적으로 안전한 장소라고 할 수 있는 곳이다. 그럼에도 갈릴리는 아직도 신비한 이야기가 많이 남아 있는 곳이다.

3. 신의 전사, 십자군의 빛과 그림자

이스라엘과 로마유적

이스라엘 여행을 하면서 뜻밖의 사실을 깨달았다. 이스라엘의 주된 관광 유적들은 대부분 로마 시대의 것이라는 점이다. 예를 들면 사해 부근의 마사다 요새는 로마에 대해 우호적인 정책을 폈던 헤로데 왕이 건축한 것이다. 또한 지중해 연안의 카이사레이아는 그 명칭에서 알 수 있듯이 케사르의 이름을 따서 지은 것이다. 이곳은 로마인의 식민 도시였고, 요르단 강 계곡에 위치한 베트 쉐안은 당시 그리스어의 영향을 받아 스키토폴리스라 불렸다. 카이사레이아는 원형 극장을 포함하여 도시 자체가 거대한 로마 유적이다.

예루살렘만 하더라도 1세기경 로마의 티투스 황제에 의해 완전히 파괴된 후, 기독교가 보급되면서 기독교도들에게 그 중요성이 재평가되었다. 그런 배경 하에 2세기경 하드리아누스 황제에 의해 예루살렘이 재건되었다. 따라서 유대의 흔적이라고 하면 통곡의 벽에서도 알 수 있듯이 도시의 지하나 혹은 지면이나 다름없는 담벼락 정도밖에 남아 있지 않다.

생각해 보면 이 지역 전체가 예수 시대까지는 로마의 지배하에 있었고 이후 4세기경까지 많은 주민들이 기독교도가 되었다. 그리고 7세기부터는 이슬람의 물결이 밀려들어오기 시작했다. 12, 3세기 십자군에 의해 기독교 세력이 일시적으로 부활했지만 그것은 일부 지역에 한정되었고 금방 무너져버렸다. 이렇게 생각해 보면 이 지역의 관광자원의 대부분이 로마 제국과 관련된 것은 당연한 일이다. 그리고 로마와 비잔틴이 쌓아올린 기초 위에 십자군이 건물을 쌓은 것이라 할 수 있다.

카이사레이아가 그 좋은 사례라고 할 수 있다. 로마 시대의 유적 위에 비잔틴 시대의 유적이 겹쳐있고 그 중심부는 그대로 십자군의 요새가 되었다. 물론 십자군은 로마 시대의 유적과는 별도로 각처에 요새를 구축하기도 했다. 즉 시공을 초월하여 로마와 십자군이라는 유럽의 두 세력이 이 지역 최대의 유적관광자원을 남기게 된 것이다.

십자군의 빛과 그림자

십자군이란 11세기말에서 13세기까지 수 차례에 걸쳐 성지 탈환을 목적으로 유럽에서 중동 지역까지 성전에 출전한 용맹한 군대였다. 따라서 이들의 활동은 역사의 빛나는 사건으로 생각되기 쉽다. 그러나 십자군을 냉정하게 바라보면 반드시 영웅적

▲ 클레르몽 공의회(1095년)
우르바누스 2세는 기독교도들에게 성지 탈환을 위한 십자군의 출범을 역설하였다.

이고 신성한 임무를 수행했던 것은 아니었다. 성전의 이미지와
는 반대되는 일을 저지른 사례도 여러 번 있었다. 성지 예루살렘
탈환이 지상 과제였던 십자군이었지만 2백 년에 가까운 십자군
시대 중 예루살렘을 점령했던 기간은 1백 년에 지나지 않았다.
후반 1백 년은 아코에 수도가 있었던 명목상의 예루살렘 왕국이
었다. 그것도 수도 주변과 해안선의 좁은 지역을 영유한데 지나
지 않았고, 십자군의 점령지역이 팔레스타인 전역에 미쳤던 것
도 아니다. 게다가 십자군이 왕국을 세운 것은 예루살렘만이 아

니라 그 이전에 부대를 이탈한 무리들이 에뎃사, 안티오키아(현재의 터어키 남부)에 이미 십자군 왕국을 세워놓고 있었다. 도시 지배 측면에서 보면 안티오키아 등은 예루살렘보다 먼저 십자군의 지배하에 들어갔고 훨씬 오랫동안 유지되었다. 십자군은 키프로스나 그리스에서도 식민국가를 세웠으며, 예루살렘 재탈환을 포기한 이후에는 이탈리아 상인의 사주를 받아 콘스탄티노플을 함락시켰으며, 형제나 다름없는 비잔틴 제국 안에 라틴 왕국을 세우기도 했다.

그리고 이교도 정벌이 목적이었지만 비잔틴 제국을 지나가던 중 식량부족이라는 이유로 같은 기독교인을 약탈하거나 학살했던 사례도 있었다. 그리고 십자군이 예루살렘을 탈환했을 때 (1099년) 도시의 유대인과 이슬람교도를 학살한데 반하여, 90년 후 예루살렘을 재탈환한 살라딘은 기독교인이 도시를 떠나는 것을 허락했다.

십자군의 잘못된 행동은 씻을 수 없는 과오로 남았다. 아니 처음부터 야만적인 이슬람이라는 선입견을 가진 것이 큰 잘못이었다. 이슬람의 교전 방식에 대해서 말하면 '너희에게 싸움을 거는 자가 있으면, 알라의 가르침에 따라 당당하게 맞서 싸워라. 그러나 우리가 먼저 불의를 자행해서는 안 된다' (『코란』 제2: 〔암소〕 제186~189절)라고 쓰여져 있다. 세 개의 일신교 중에 어느 것이 가장 호전적일까. 당시의 문화수준으로 보면 이슬람측이 문명의 중심이었고 유럽 세계는 주변 지역에 지나지 않았다. 또한 유럽 중에서도 비잔틴 제국, 즉 콘스탄티노플에 비중이 있었고, 서유럽은 문명의 변두리 지역에 있었으며 경제적으로도 서유럽은 빈

곤했다. 흥미로운 점은 비잔틴의 정교도인들이 이슬람교도들과 돈독한 우호 관계를 맺고 있었다는 점이다. 그들은 투르크의 침입으로부터 동쪽 국경을 방어하기 위하여 로마 교황에게 용병을 청했던 적은 있었지만, 십자군처럼 성지 탈환을 위한 군대를 파견하지는 않았다. 또한 스스로 십자군이 되려고 생각하지도 않았다. 처음부터 정교도인들은 종교 문제로 이교도와 싸울 생각이 없었던 것이다. 그래서 십자군은 비잔틴 제국에 대하여 적의를 품게 되고, 마침 십자군을 배후에서 조종했던 베네치아 상인들의 사주를 받아 콘스탄티노플에 라틴 왕국을 건설했다.

십자군은 극단적으로 말하면 서유럽의 변방에서 가난에 허덕이던 사람들의 종교적 열광과 동방 영토에 대한 흑심을 품은 제후들이 공동으로 빚어낸 산물이었다. 물론 그리스정교에 대한 로마 교황권의 강화를 위한 것이기도 했다. 비잔틴으로서는 서방의 기독교도가 자국의 옛 영토를 찾아주는 것이 고마운 일이었고, 예루살렘의 정교도들을 보호해주기를 바랐다. 그러나 황제 자신은 예루살렘에 대해 별 관심이 없었고 하물며 자신에게도 적의를 품고 있는 십자군을 별로 달가워하지 않았다. 십자군을 아무리 호의적으로 보려고 해도 그것은 역사 진행에 반하는 무모한 계획이었다. 그러나 말은 이렇게 해도 그 역사 자체는 파란만장한 한편의 대하드라마였다.

나는 이스라엘 방방곡곡을 여행하던중 십자군 요새가 관광지도에서 프랑스어로 기재되어 있는 것을 발견했다. 벨브와르, 몽포르 등이 그 예이다. 레바논으로 눈을 돌리면 국경 바로 앞에 보포르라는 요새명이 적혀 있다. 그리고 시리아의 유명한 십자군 유적은 클라크 드 슈발리에라는 이름이다. 요르단의 카라크 요새는 클라크 드 모압이고, 쇼바크 요새는 몽레알(영어로는 몬트리올)이라고 불린다. 그 후 역사지도를 입수하여 검토해 보니 역시 십자군 시대의 지명은 프랑스어가 사용되고 있었다.

십자군에 공용어가 있었는지 여부는 자세히 모르지만 프랑스의 샹파뉴 태생의 교황 우르바누스 2세가 십자군의 출범을 역설한 곳이 프랑스의 클레르몽이었다. 그리고 제1차 십자군은 크게 나누어 '프랑스인 군단', '로렌인 군단', '프로방스인 군단', '노르만인 군단'의 4개의 군단으로 구성되어 있었다. 당연히 십자군 사이에서 프랑스어가 가장 영향력이 있었다는 것은 상상하기 어렵지 않다.

십자군 시대의 예루살렘 왕국 초대 국왕 고드프로와는 로렌느의 브라방 후작으로서 현재 벨기에 남부의 알덴느 지방과 프랑스 국경에 가까운 뷔용에 성을 가지고 있었다. 예루살렘이 수도였던 1191년까지의 국왕을 차례로 열거해보면, 2대 보두앵1세 왕(초대 국왕의 아우), 3대 보두앵 2세(3대 국왕의 사촌형제), 4대 앙주(3대 국왕의 사위), 5대 보두앵 3세(4대 국왕의 아들), 6대 아모리(5대 국왕의 아우), 7대째 보두앵 4세(6대 국왕의 아들), 8대째 보두앵 5세(7대 국왕의 조카), 9대째의 시뷰(보드왕 4세의 누이동생, 남편 기 드 뤼지냥과 공동통치)로 이어진다.

예루살렘이 함락되고 아코로 천도한 이후도 마찬가지로 예루살렘 왕국의 모든 역대 국왕은 초대 국왕의 혈연으로 프랑스어권 출신들이다. 이와 관련하여 예루살렘에는 도달하지 못했지만 은자(隱者) 피에르가 지휘하던 민중 십자군도 프랑스인이 주된

▲ **은자 피에르가 지휘하는 십자군** 빅토르 슈네츠(14세기)

세력이었다. 또한 제7차와 제8차 십자군도 루이 9세에 의해 프랑스에서 파견된 것이고, 루이9세 본인도 성지에서 4년 동안이나 체재하고 있었다. 라틴어가 있었으므로 법령 등 문서상에서 사용하는 언어는 별도로 하더라도 예루살렘이나 아코 등지의 십자군 사이에서 프랑스어를 사용했던 것은 확실하다.

십자군 요새 순행

나는 지도를 기초로 이스라엘에 있는 십자군의 유적을 전부 찾아다니기로 결심했다. 다만 여기서 십자군의 요새를 순행한다는 것은 세상에 그다지 알려지지 않은 요새들을 돌아보려는 것이다.

기독교도가 팔레스타인에서 성지 탈환의 직접인 대상으로 삼은 것은 물론 예루살렘이었다. 그들은 발칸 반도에서 터어키와 시리아를 경유해서 성지로 왔기 때문에 병참기지가 있을 만한 곳은 예루살렘보다 북서 방향, 즉 갈릴리 방면이고 여기에 십자군 요새가 많으리라 생각했다.

먼저 가장 북쪽의 요새부터 찾아보기로 했다. 골란 고원의 님로드와 훌라 계곡을 사이에 끼고 마주 보이는 레바논 국경에 자리하고 있는 샤트 누후, 그리고 조금 남하하여 유대 신비주의로 알려진 츠팟트를 순회하기로 했다. 하루 일정치고는 좀 빠듯한 계획이었다.

먼저 찾아간 곳은 본래는 시리아 영토였던 골란 고원의 최북단에 있는 님로드 요새다. 요르단 강의 원류가 흘러나오는 근처에단 자연공원과 그리스 시대의 유적인 바니야스가 있다. 그곳에서 동쪽의 골란 고원을 향해 조금만 올라가면 님로드 요새가 있다. 밑에서 올려다보면 나지막한 산 정상에 큰바위처럼 생긴 폐허가 보인다. 가까이 가자 돌로 만들어진 폐허는 좁고 긴 산정을 다 뒤덮는 듯한 거대한 요새라는 것을 알 수 있었다.

요새 안으로 들어가 보았다. 입구 근처에는 거대한 정육면체의 돌들이 나뒹굴고 있었는데 완전한 모양일 때는 얼마나 위엄 있는 모습이었는지 상상해 봤다. 입구 바로 옆에 지하 저수지를 갖춘 감시대가 있었다. 이 부분은 아직까지는 완전한 모습으로 남아 있었다. 감시대에서 내려다보니 바니야스 방면에서 올라오는 길이 한 눈에 들어왔다. 옛날 이곳은 헤르몬 산의 남쪽을 지나 예루살렘과 다마스커스를 연결하는 중요한 요충지였다. 1156년 이슬람 세력이 님로드를 지배한 이후는 이슬람 세력권으로부터 벗어나지 못했다. 현재 이스라엘에 의해서 점령당했지만 이슬람에서 보면 시오니즘의 간판을 내걸은 유대의 내습도 결국 900년 전 십자군의 내습처럼 악몽의 순환에 불과하고 언젠가는 끝날 것이라고 믿고 있다고 한다.

홀라 계곡을 사이에 끼고 골란 고원을 마주보는 산중에도 십자군의 요새가 있다. 이곳은 샤트 누후라는 이름으로 레바논 국경 주변의 말가리요트라 근처에 있는 듯하다. 철책이 길게 둘러쳐진 레바논 국경선을 바라보면서 얼마동안 달리자 말가리요트라는 곳에 이르렀다. 그곳을 지나서 언덕을 오르니 요새가 있었다. 규모는 님로드만큼 크지 않은 아담한 요새였다. 이곳은 홀라 계곡 전체를 내려다볼 수 있어서 계곡 건너편의 님로드와 봉화로 교신할 수 있었을 것이다. 레바논 국경에는 이상한 긴장감이 감돌고 날씨도 안 좋아서 괴기한 느낌마저 들었다. 돌아올 때는 남쪽 방향으로 운전해서 90번 도로를 타고 내려왔다.

다음은 남쪽에 있는 유대교 신비주의 마을 츠팟트에 가보기로 했다. 가파른 산길을 올라가자 피서지 같은 분위기의 산상 마을이 보였다. 전망대가 있는 곳이 마을 중심인 듯 정말 작은 마을이다. 이곳은 레콩키스타 운동으로 이베리아 반도에서 쫓겨난 유대인들이 16세기 이후 이주해서 만든 마을이다. 그 후 카바라라고 불리는 유대교 신비신학(神秘神學)이 여기에서 생겨났기 때문에 유대교 신비주의의 중심지로서 알려지고, 유대교 4대 성지의 하나가 되었다. 아름다운 풍광과 고원의 시원한 기후를 찾아

서 예술가들과 관광객들이 모여들어 이제는 고원의 피서지로 변모하고 있다.

십자군 요새를 찾아보니 광장 변두리에 성채 메츠다로 가는 입구가 있었다. 5분쯤 올라가자 정상에 다다랐다. 십자군 요새에 회당이 세워져 있었는데 그것도 이미 유적으로 변해 있었다. 안내판에 의하면 독립전쟁 발발 당시 츠팟트는 유대인과 아랍인이 같이 거주하는 마을이었다. 유대인은 마을의 서북부에 뭉쳐 살았고 인구 면에서는 아랍인 쪽이 6배나 많았다고 한다. 전쟁이 일어나자 요새인 메츠다를 점거하고 있던 아랍측에 대해 유대측이 여러번 과감한 공격을 시도하여 드디어 점령하는데 성공했다. 그 후 전쟁이 끝날 때까지 이곳은 갈릴리 지방에 있어서 유

대측의 중요한 거점이 되었다고 한다.

가장 북쪽 지방에 있는 세 곳의 십자군 요새를 방문했기에 이번에는 갈릴리의 구릉 유적을 찾아나섰다. 이번 예정은 요르단 계곡을 굽어보는 벨브와르 요새, 지중해 근처의 몽포르 요새, 그리고 예히암 키브츠 안에 있다는 요새 등 세 곳을 방문하고자 한다.

먼저 방문한 것은 벨브와르 요새였다. 예전에 갈릴리호를 관광하고 90번 도로를 타고 남하해서 베트 쉐안 쪽을 향하고 있었을 때 도로변에 'Belvoir'(벨브와르) 라는 프랑스어로 된 관광용 간판이 있던 것을 본 적이 있다. 계곡의 위치로 보아 오른쪽 산 위에 있는 요새인 듯하다. 울퉁불퉁한 바위 사이로 난 가파른 비탈길을 올라갔다. 산의 정상에 오르자 눈 아래로는 요르단 계곡의 멋진 풍경이 펼쳐졌다. 계곡 골짜기에는 여기 저기 시냇물 같은 요르단 강의 물줄기가 보였고 그 주변으로 밭과 양어장이 있었다. 그 건너편은 요르단 지역인데, 드넓은 평야가 뒤편에 보이는 산맥까지 완만하게 이어져 있었다. 벨브와르 요새는 산꼭대기에서도 가장 전망이 좋은 곳에 있었다. 산꼭대기인데도 불구하고 해자와 같은 견고한 방어시스템이 구축되어 있었다. 이 요새는 동쪽의 요르단 계곡뿐만 아니라, 서쪽의 고원지대도 감시할 수 있는 위치에 있었다. 정말 천연의 요새다. 12세기에 구축한 이 요새는 십자군의 지배 영역인 동부를 방어하기 위한 것이라고 한다. '요르단의 별'이나 '바람의 별'이라는 로맨틱한 히브리어나 아랍어로 지어진 지명이 있었으나, 십자군은 그 경치의 아름다움을 보고 프랑스어로 '아름다운 경치'라고 지었다고 한다. 나는 십자군이 이 요새에 벨브와르라는 명칭을 붙인 심정을 충분히 이해할 수 있었다.

몽포르는 이스라엘과 레바논 국경의 산중에 있고, 바다에서는 그리 멀지 않으나 남북으로 연결하는 간선도로에서는 조금 들어가 있다. 지도에 의하면 차로는 요새까지 갈 수 없을 것 같았다. 간선 4번 도로에서 동서로 뻗은 899번 도로로 접어들어 다시 옆길로 빠졌다. 그곳은 마치 자연공원처럼 보였다. 그런데 아무리 둘러봐도 요새 같은 것은 보이지 않았다. 전망이 좋은 주차장에 주차하고 나서 살펴보니 그 수수께끼가 풀렸다. 눈앞에는 계곡이 있고 그 건너편에는 엇비슷한 높이에 허물어진 요새가 눈에 들어왔기 때문이다. 이 요새가 국립 공원으로 지정되지 않는 이유를 알 것 같다. 접근하기가 너무 힘들기 때문이다. 그러나 십자군 요새를 전부 답사하기로 결심한 이상 계곡을 건너가 보지 않을 수 없었다. 결국 눈앞에서 빤히 바라보이는 계곡을 왕복하는데 한 시간 반이나 걸렸다. 요새 규모는 님로드나 벨브와르와 비교하면 작은 편이다. 건물도 많이 붕괴되어 벽만 겨우 남아 있었다. 그런데도 지하 저수지는 잘 보존되어 있었다. 그리고 지중해를 향해 쭉 뻗어 있는 계곡 끝 부분에 있는 로슈하니크라의 푸른 바다는 정말 인상적이었다.

다음은 키브츠 안에 있는 예히암 유적을 찾아갔다. 여기에는 로마, 비잔틴 시대부터 오스만 시대까지의 흔적이 남아 있으나 아직은 체계적인 조사가 되어있지 않다고 한다. 예히암은 몽포르에서 멀지 않은 10킬로미터 정도 남쪽에 있다. 내가 도착했을 때는 주차장에 차가 한 대도 없었지만 그래도 이곳은 국립공원의 하나로 지정되어 있어서 입장권을 파는 부스도 설치되어 있었다. 팜플렛에 의하면 예히암이라는 이름은 영국통치에 반대하여 근처의 아크지브 다리를 폭파하는 작전에서 사망한 유대인 병사 예히암 와이츠의 이름을 따서 지은 것이라고 한다. 유적 자체는 아랍인에 의해서 쥬딘(아랍어로 '영웅의 요새' 라는 뜻)이라고 불렸다고 한다.

오스만 시대의 것으로 생각되는 육중한 석벽을 지나 안으로 들어가 보니 중심 부분인 모스크와 홀은 완전히 복원되었고, 안에는 현대적 카페테리아도 완비되어 있었다. 저녁에는 근사한 음악을 들으면서 정성껏 만든 음식을 먹을 수 있다고 한다.

이곳 키브츠는 1946년에 창설된 것으로 처음에는 유적을 정착민들의 주거로 사용했다고 한다. 독립 전쟁 때에는 적에게 포

위 당해 주변으로부터 고립되었으
나 요새 안에 있었으므로 1948년 5
월 갈릴리 전체가 해방될 때까지
잘 버티었다고 한다. 그래서 쥬딘
요새와 함께 살아 남은 것이다. 유
적 안으로 들어가니 파괴된 돌들이
흩어져 있었다. 제일 높은 곳에 십
자군 시대의 감시대가 있어서 올라
가 보니 건너편은 깊은 골짜기였
다. 산 속 깊숙한 곳에 위치한 것도
아니고 평지나 다름없는 곳에 있는
요새였기에 조금 의외라는 느낌이
들었다. 요새라면 당연히 어느 곳
이나 조망이 좋고 깎아지른 듯한
낭떠러지 등으로 접근하기가 어려
운 법이다.

예히암 키브츠에서 서쪽으로 달
리다가 나하리야에서 5킬로미터 쯤
북상하면 지중해 연안에 아크지브
라는 유적이 있다. 여기는 바다가
바라보이는 약간 높은 언덕으로 잔
디가 가꾸어져 있는 비치 리조트이

◀ 요르단 계곡을 굽어보는 벨브와르 요새

다. 옛날부터 아코와 레바논의 틸 사이에 위치한 항구로서 번창했던 곳으로 마치 자연지형처럼 보이는 방파제는 옛날 항구의 흔적이다. 그리고 공원 한가운데인 고지대에 완전한 모습을 갖춘 요새 같은 것이 눈에 띄었다. 이것은 복원이 끝난 십자군 시대의 요새로 당시 프랑스어로 샤토 랑베르라 불렸었다.

갈릴리 지방 해안에서 십자군 유적 여러 곳을 발견했기 때문에 마음이 흐뭇했다. 나하리야로 돌아와서 텔아비브로 향했다. 하이파에서 텔아비브를 향해 연안의 하이파 로드 2번 도로를 달리고 있을 때 해안에 검고 이상한 모양의 건물이 보였다. 차를 멈추고 지도를 찾아보니 아트리트라는 곳이었다. 옆길로 빠져 가까이 가보니 그것은 곶에 세워진 요새였다. 그런데 주변이 군대 기지로 사용되고 있는지 요새 자체는 출입금지구역이었다. 예전에 아트리트 교도소에 수감된 정치범 석방을 요구하는 유괴사건이 있었던 것을 기억하고 있다. 이곳에는 아직도 중요한 교도소가 있을지 모르는 일이다. 나중에 확인해보니 아트리트도 샤토 페르랑이라고 불렸던 십자군 요새였지만 출입금지여서 안에 들어가볼 수 없었다. 위치는 정확히 북쪽 아코와 남쪽 카이사레이아의 중간 지점이고 연안을 경비하던 요새였다.

예루살렘, 텔아비브 근교를 거닐다.

이렇게 갈릴리 지방에는 많은 십자군 요새가 남아 있지만 세밀히 조사해 보면 예루살렘과 텔아비브 근교에도 십자군의 거점이 있었다. 예루살렘 입구를 수비한 아쿠아 베라 요새, 예루살렘과 연결되는 소레크 계곡 입구에 있는 라토른 요새, 그리고 텔아비브 근교 사울 시대부터 이름이 알려진 아페크 요새 등이다.

예루살렘으로 이어지는 도로를 도시 입구에서 수비하고 동시에 수원을 확보하는 역할을 담당했던 것이 아쿠아 베라였다. 십자군이 '아름다운 물'이라고 했던 것에서도 알 수 있듯이 예루살렘까지 7킬로미터나 되는 도로 옆으로 크사론 강이 흐르는데 그 맑은 물은 녹색의 오아시스를 연상하게 한다. 많은 아랍계 이스라엘인들이 가족과 함께 소풍을 오기도 한다. 이런 주변의 분위기 때문인지 이 유적은 그다지 요새 같은 느낌을 주지 않는다. 마치 우물가의 오두막집 같은 풍경이다. 안내 책자에 보면 십자군은 풍부한 수자원을 이용하여 농사를 지었다고 한다.

아쿠아 베라에서 텔아비브를 향해 계속 길을 따라가면 라토른이라는 아름다운 수도원이 있다. 프랑스계의 수도원답게 와인 생산으로 유명하다. 이곳에는 12세기 십자군 시대에 '기사의 탑' '르 트론 드 슈발리에'라는 성이 있었는데 그것이 뒷날 아랍어식으로 와전되어 라토른이라고 불려지고 있는 것이다. 라토른 수도원에는 와인을 사러 몇 번 간 적이 있었지만, 십자군 유적이 있으리라고는 생각조차 못했다. 지도를 보면 1번 도로를 사이에 끼고 수도원의 반대편에 로마 시대 유적이 있다. 그러나 그것과는 별도로 수도원에도 십자군의 유적이 있었다.

포도밭 길을 따라 10분 정도 언덕을 올라가니 생각대로 그곳에 유적이 있었다. 여기도 규모가 그다지 큰 요새는 아니었다. 오두막 같은 감시대가 가운데 위치하고 있는 아담한 요새였다. 그래도 저수지를 비롯하여 요새로서 갖추어야 할 것은 다 갖추고 있었다. 그리고 여기에서 바라보이는 경치는 더할 나위 없이 근사하고, 평야에서 예루살렘 방면으로 향하는 적들의 모든 동향을 감지할 수 있었다. 예루살렘의 입구에 해당하기 때문에 독립전쟁 당시 양 진영이 격렬한 쟁탈전을 벌였던 요충지였다. 현재 라토른에는 휴전선이 설치되어 있고 이스라엘과 팔레스타인의 접점이 되고 있다.

나의 십자군 유적 순행은 라토른에서 아페크 주변까지 이어졌다. 풍부한 수량을 자랑하는 샘으로도 유명해서 이스라엘의 중요한 물 공급원이 되고 있는 곳이다. 이 부근의 지역명은 로슈하 아인이라 하며 '샘의 근원'이란 뜻이다. 역사적으로는 다마스커스에서 이집트를 연결하는 길목의 요충지이고, 사울 이전 시대에는 블레셋인이 히브리인과 싸워 언약궤를 시로에서 탈취했던 곳이다. 그 후 헤로데가 재건하여 안티파토리스라고 불렀다. 언덕 위에 깨끗하게 정돈된 성벽이 십자군 시대의 것이라고 한다. 다만 너무나도 깨끗이 원형이 남아 있는 것으로 보아 이슬람 시대에도 틀림없이 계속적인 복구가 이루어졌을 것이다.

아페크에서 남동쪽을 바라보면 언덕 위에 거대고 이상하게 생긴 건물이 보인다. 지도를 찾아보니 미라벨이라는 십자군의 요새일 가능성도 있어 보였다. 차로 5분 정도면 갈 수 있는 거리였다. 이 유적은 거대하기 때문에 언덕을 오르면서 그 위용을 눈으로 확인할 수 있었다. 출입금지 표지판이 서 있고 철조망으로 울타리가 쳐져 있었지만 틈새가 벌어진 곳이 있어 안으로 들어갈 수 있었다. 중심부분의 건물뿐 아니라 요새 주변 언덕 일대에 유적 같은 것이 널려져 있는 것으로 보아 꽤 큰 규모였음을 알 수 있었다. 지정학적 관계로 미루어 라토른과 아페크를 이어주

▲ **십자군의 아스켈론 전투** 라리비에르(19세기)

는 요새일지도 모르겠다. 유적은 훌륭했지만 출입금지에도 불구하고 정체불명의 사람들이 유적 안에 모여 있어서 불안하기 짝이 없었다. 시대 배경은 전혀 다르지만 사막의 외딴집에서 비밀리에 이스라엘과 팔레스타인 사이의 중개를 시도하는 미국 대사의 생활을 영화화한 장면이 떠올랐다.

텔아비브 근교를 돌다 보니 이동시간이 짧아서 시간이 너무 많이 남았다. 지금까지는 오로지 십자군 유적만 답사했기 때문에 내친김에 남쪽 아스켈론에도 가기로 했다. 아스켈론은 가자에 가까운 해안도시로 『성서』에서는 가자, 에크론과 함께 블레셋인의 마을로 묘사하고 있다. '먹는 자에게서 먹는 것이 나오고 힘

센 자에게서 단 것이 나오는데 그것이 무엇인가' 라는 수수께끼가 풀리자 삼손은 아스켈론으로 가서 마을사람 30명을 살해하고 그들의 나들이옷을 벗겼고(판관기 14:14~19), 사울 왕이 살해되었을 때 다윗은 '아스켈론 거리에 퍼뜨리지 말라. 블레셋 계집들이 좋아하고…' (사무엘하 1:20)라고 말하고 있다. 이런 블레셋인의 마을이 지금은 파란 바다와 녹색의 가로수가 아름다운 휴양 도시로 변모했다.

가자로 향하는 4번 도로를 타고 아스켈론 방면으로 좌회전하면 가로수로 둘러싸인 길이 나오면 과연 남국의 휴양지라는 인상을 받는다. 국립공원으로서 정비된 비치 리조트 안에 유적이 산재해 있다. 가나안, 블레셋, 그리스, 로마, 비잔틴, 그리고 십자군 시대의 유적이 겹겹이 발굴되고 있다. 그러나 이곳은 가족 동반으로 바베큐를 굽거나, 수영복을 입은 젊은이들이 돌아다니는 오락시설이어서 유적지다운 분위기는 풍기지 않았다. 거기에다 유적에 대한 안내판이 없어 무엇이 무엇인지 전혀 알 수 없었다. 아스켈론은 십자군 시대가 끝나자 몇 세기 동안이나 방치되었고 도시가 재건된 것은 신생 이스라엘이 건국된 1948년 이후라고 한다.

이로서 십자군이 남긴 요새 방문도 끝났다고 생각하던 참에 텔아비브 근교의 외교관들이 많이 살고 있는 해안 고급 주택지, 헬체리아라는 곳에도 십자군의 유적이 있다는 정보를 들었다. 지도로 확인을 해보니 과연 유적 표시가 있어서 즉시 가보지 않을 수 없었다. 헬체리아에서 곧장 북쪽으로 차를 달리자 해안선 언덕 위에 유적이 보였다. 안내판에 의하면 여기는 아폴로니아라는 요새로 처음에는 페니키아인이 터전을 잡았고 나중에 온 그리스인이 아폴로니아라고 명명했다고 한다. 로마와 비잔틴 시대에도 계속적으로 번영했고 그 후 아랍인의 수중에 들어갔으나 십자군이 재탈환하여 개축했다. 그러나 십자군이 떠난 후에는 그대로 방치되었다. 복원도를 보니 로마, 비잔틴 시대는 완전한 성곽 도시였음을 알 수 있었다. 로마 시대에는 유리 공장이 있었다고 한다. 지금도 해안에서 로마 시대의 유리 조각이 발견되는데 그것을 주우러 오는 사람도 많다고 한다.

텔아비브 근교의 유적답사로 나의 십자군 요새 순행도 일단 완결된 것 같다. 그리스, 로마, 비잔틴 시대라는 기초가 있다고는 하지만 십자군은 십자군 나름대로 독자적 향기를 이 성지에 남기고 있다.

어쨌든 1095년 11월 로마교황 우르바누스 2세의 호소에서 비롯된 십자군은 1099년 7월에 예루살렘을 탈환했으나, 1187년 갈릴리 호반에 있는 하틴 전투에서 패배하여 결국 그해에 예루살렘을 상실하고 말았다. 그후 91년에 아코로 천도하고 나서 명목뿐인 예루살렘 왕국은 1세기 동안 존속하게 되었다. 1291년 5월 최후의 거점 아코에서 물러남에 따라 그 사명을 완전히 마치게 된다.

옮긴이의 말

『탈무드』라는 책이름은 누구나 한번쯤 들어보았으리라. 이 책은 유대인들이 2천 년 방랑생활 속에서 정신적 지주로 삼았던 것이며, 고난과 역경에 처해 있을 때마다 그 지혜를 빌려 슬기롭게 극복했던 책이다. 이는 지금도 마찬가지여서 유대인들은 아랍과의 국경분쟁, 팔레스타인 독립 등 산적한 난제를 나름대로 잘 해결해 가고 있다.

이 책의 저자는 『탈무드』의 고장 이스라엘을 '역사기행'이라는 주제로 찾았다. 기존의 단순한 기행문이나 기독교 성지순례 책들과는 달리, 이 책은 이스라엘의 지나간 역사와 현재의 정치 상황을 이야기하면서도 팔레스타인의 역사와 문화, 그리고 그들의 미래까지 다루었다. 국제문제 전문가인 저자의 균형 잡힌 시각을 확인할 수 있는 부분이다. 특히, 성서에 기초한 역사유적의 탐방은 우리가 지금까지 몰랐거나 잘못 알고 있는 유대교와 기독교에 대한 진실을 알려준다. 이러한 점이 이 책이 지닌 미덕

중의 하나일 것이다.

　우리에게 이스라엘과 팔레스타인은 지리상으로는 멀지만 정서적으로 그다지 멀게 느껴지지 않는다. 기독교 신자가 국민의 절반 가량을 차지하고 있어 성서의 무대인 그곳이 친근하게 느껴지는 탓도 있고, 국제 원유가 동향이 중동문제에 달려 있어 언제나 주의 깊게 그쪽 소식에 귀를 기울이는 상황도 있기 때문이다. 그러나 이러한 뜨거운 관심에 반해 그간 마땅한 책이 부재했다. 이스라엘과 팔레스타인의 영광과 분노, 역사와 현재를 다룬 이 책은 국내 독자들의 지적욕구를 충족시킬 '만나'가 되리라 믿어 의심치 않는 바이다.

이스라엘·팔레스타인 연표

(기원전)

2000년경 아브라함, 가나안에 정착. 아브라함(사라와결혼)— 이삭(리브가와 결혼)— 야곱(레아, 라헬과 결혼)으로 이어짐.

1280년 모세의 출애굽.

1250년 여호수아가 가나안 땅을 정복하고 12지파를 세움.

1020년 초대국왕 사울(베냐민족) 즉위.

1004년 다윗(유다족)왕 즉위.

956년 솔로몬(다윗의 아들)왕 즉위.

922년 북이스라엘 왕국(여로보암 왕)과 남유다 왕국(르호보암 왕)으로 분열. 북이스라엘 왕국의 오므리 왕(876~869재위)이 사마리아를 건설하고 페니키아와 동맹을 맺음. 이후 아합 왕(869~850재위. 아내 이세벨이 바알신을 섬겨 예언자 엘리야의 강한 반발을 샀다.) 때까지 정치, 경제, 군사적으로 전성기를 맞았으나 예후(542경~815 재위)의 반란과 통치로 아합과 오므리 왕조가 끝남.

722년 북이스라엘 왕국, 호세아 왕을 끝으로 앗시리아에 멸망.

587년 남유다 왕국, 시드키아 왕을 끝으로 바빌로니아의 느부갓네살 왕에게에 멸망. 바빌론 유수.

538년 바빌로니아 멸망으로 페르시아 지배. 바빌로니아에서 귀환한 유다인들이 성전을 재건하기 시작함.

520~525년 성전 완성.

332년 알렉산드로스 대왕의 정복과 그의 사후 이집트 프톨레마이오스 왕조의 지배를 받음.

198년 시리아의 안티오코스 3세가 이집트를 물리침. 셀레우코스 왕조의 지배.

196년 마카베오의 발란.

141년 마카베오 가문의 후손인 하스몬 왕조때 독립.

65년 하스몬 왕조 내분으로 로마의 지배.

37~기원후 4년 헤로데 왕 통치.

기원전 4~ 기원후 1년 예수탄생.

30년 예수가 십자가에 못박힘.

66~73년 유대인들의 반로마 항쟁에 패배, 예루살렘, 마사다 함락.

132~135년 발 콕바 항쟁에서 하드리안 황제에 의해 진압. 예루살렘이 다시 한번 파괴되고 이 지역에 엘리아 카파톨리아라는 로마 도시를 세움. 이후 유대인의 방랑이 시작됨.

200년대 갈릴리에서 〈미슈나〉편찬이 진행됨.

313~636년 비잔틴 지배.

325년 니케아 종교회의. 콘스탄티누스 대제가 기독교를 공인.

636~1091년 아랍 지배 예루살렘을 이슬람의 3대 성지로 정함.

1091~1099년 셀주크 지배.

1099~1291년 십자군 지배.

1291~1516년 마물루크 지배.

1517~1917년 오스만 투르크 지배.

1918~1948년 영국위임통치.

1947년 국제연합 총회, 팔레스타인 분할안 가결.

1948년 이스라엘 독립선언. 제1차 중동전쟁 발발.

1956년 제2차 중동전쟁(수에즈 동란).

1967년 제3차 중동전쟁(6일 전쟁, 가자, 서안, 시나이 등 점령).

1969년 아라파트 PLO의장에 취임.

1973년 제4차 중동전쟁.

1979년 이집트, 이스라엘 평화조약체결.

1982년 시나이반도 이집트에게 반환.

1987년 가자, 서안에서 인티파다(주민봉기)시작.

1991년 걸프전 개전. 마드리드에서 중동 평화회의 개최.

1992년 총선거로 노동당이 승리. 라빈 정권 발족.

1993년 이스라엘, PLO간의 잠정자치 원칙 선언(오슬로 합의)조인.

1994년 가자, 엘리코에서 팔레스타인기구에 의한 선행 자치 개시 이스라엘, 요르단 평화조약조인.

1995년 잠정자치협정(다바 합의)조인. 라빈 수상 암살사건. 헤브론을 제외한 서안 주요 6개 도시에서 이스라엘군 철수완료.

1996년 팔레스타인 자치선거. 아라파트 의장이 자치정부 수반 취임. 이스라엘 수상 직접선거로 네탄야후 리쿠드 당수가 당선.

1997년 헤브론에서 군철수 실시.

1998년 이스라엘 안전보장회의, 레바논철수를 조건으로 승인 잠정자치협정실시에 관한 와이 합의 성립.

1999년 수상 직접 선거로 바라크 노동당 당수가 네탄야후 수상을 물리침. 와이 합의 실시 협정 체결. 최종적 지위교섭 개시.

2000년 워싱톤 교외에서 대시리아 평화 교섭 진행.

이스라엘·팔레스타인으로 가는 길

지은이 | 오가와 히데키

옮긴이 | 이종석

펴낸이 | 최미화

펴낸곳 | 도서출판 르네상스

초판 1쇄 인쇄 | 2004년 5월 25일

초판 1쇄 펴냄 | 2004년 5월 30일

주소 | 121-801 서울시 공덕1동 105-225

전화 | 02-3273-5943(편집), 02-3273-5945(영업)

팩스 | 02-3273-5919

메일 | re411@hanmail.net

등록 | 2002년 4월 11일, 제13-760

ISBN 89-90828-10-4 03910

* 잘못된 책은 바꿔 드립니다.